Henry Cöster

"... bedriva undervisning ..."

Om kyrkans didaskalia

Nytryck 2018 av
Henry Cöster: " ...bedriva undervisning ..." Om kyrkans didaskalia,
2009, Svenska kyrkan, Kyrkokansliet.

Omslagsfoto: Margareta Brandby-Cöster
Förlag: BoD – Books on Demand, Stockholm, Sverige
Tryck: BoD – Books on Demand, Norderstedt, Tyskland
ISBN: 978-91-7785-368-8

Innehållsförteckning

Förord

För nästan tio år sedan bedrev Svenska kyrkan vid Kyrkokansliet i Uppsala ett projekt om kyrkans undervisning, med fil dr Else-Maj Eineborg Falk som projektledare och med en liten referensgrupp med stiftskonsulent Lorita da Ros Grape, universitetslektor Christina Osbeck och dåvarande högskolerektor fil dr Lars-Göran Carlson.

Skriften *"… bedriva undervisning…" Om kyrkans didaskalia* ingick i projektet och utkom första gången 2009. Eftersom boken varit slut länge men fortfarande efterfrågas, kommer den här i ett nytryck.

I efterordet skrev Lars-Göran Carlsson bl a att

> "Professor Henry Cösters skrift … möter ett länge upplevt behov av en introduktion till teologisk och didaktisk reflektion över kyrkans uppgift att undervisa. Henry Cöster bjuder in till en kunskapsresa i kyrkohistorien, teologin och i filosofin. Kyrkans undervisning, säger han, skall inte bara förmedla ett kunskapsinnehåll med ord utan är en lärprocess där tron och den kristna frimodigheten blir närvarande i livet. … Läsaren utmanas också genom tanken att kyrkans undervisning, didaskalia, inte endast utgör en av kyrkans verksamheter utan istället är en sammanfattande beteckning på kyrkans olika kännetecken. …"

Lars-Göran Carlsson rekommenderade därför boken till läsning för nya perspektiv och samtal om hur anställda och medarbetare i en församling ska kunna bidra och utveckla den kristna trons lärande som en del av det levda livet och för livets skull.

Boken disponeras kring fyra fenomen

- **didaskalia** i kyrkans tradition
- fenomenet religion och **kristendom**
- betydelsen av att livsförståelse tar form i en **lärprocess**
- ansvar för denna process förutsätter en **hermeneutisk didaktisk problemmedvetenhet**

För en mer inträngande reflektion i ämnet har jag i texten lyft fram ett antal inspirerande personer och i slutet av boken ger jag förslag på litteratur där deras arbeten är fördjupat.

Karlstad i augusti 2018

Henry Cöster

Bedriva undervisning för livets skull

Motståndet som kyrkans undervisning skall övervinna
är inte bristen på lärdom utan brist på livsmod.

Allt som vi lever av kommer till oss utifrån. Det tycks vara en ofrånkomlig insikt som rent av skulle kunna påstås vara ett centralt tema i både den hebreiska och kristna livsförståelsen. Alldeles oavsett om det handlar om överraskande befrielse från slaveriet i Egypten eller det handlar om min egen vardags liv, så är det givet.

Samtidigt som det bokstavligt förhåller sig så att allt vi lever av kommer till oss utifrån så tycks vi nästan skamfyllt vilja hålla den erfarenheten på avstånd. Vi talar ju ibland som om man just inte ska ta livet för givet. När vi reflekterar över olyckan som drabbat oss, livets bräcklighet, så kan vi uppmanande säga oss själva och andra "ja, man kan verkligen inte ta livet för givet". Uttrycket riskerar att föra oss vilse. Är det inte i själva verket bara det man kan: ta livet för givet? Försöker man att inte ta det för givet utan istället förtjäna det – eller ännu värre – försöker man bara ta livet, då kan vi inse sanningen i att livet bara kan levas som givet, som en utifrån kommen gåva till var och en.

Detta till synes ofrånkomliga, att vi lever av det som kommer till oss utifrån blev från allra första början i den kristna kyrkans liv ett centralt och ordnande tema. Det syns kanske tydligast i två terminologiska fenomen: den tidigaste kyrkans grekiska term för tro och hennes term för läran, traditionen.

Tro heter i Nya testamentet *pistis*. Den termen används också i den grekiska filosofin av **Aristoteles** (384–322 f. Kr.) i hans viktiga arbete *Retoriken*. Det är en term som betecknar tilliten till det som blir sagt. Hos **Paulus** handlar det om att det som Gud ger möts av människan som *pistis* från början till slut. Det vill säga genom tillit till att människan faktiskt har **fått** det Paulus talar om, nämligen rättfärdighet, det som vi i dagligt tal brukar kalla livsmening, livsvärde. Tilliten till denna gåva kommer av det man hör (Rom 10:17).

Hos Aristoteles och hos Paulus är *pistis* beteckningen på det som hörandet åstadkommer hos lyssnaren. Aristoteles beskriver vad det är i talandet som väcker tillit till det som blir sagt, tillit till det som genom talet utifrån möter lyssnaren. Det är alltid något som utifrån möter människan som skapar tillit. Ingen kan själv skapa sin egen tillit. Man kan uppträda "som om" man hyser tillit, men själva tilliten måste väckas av ett utifrån kommande fenomen.

I den tidigaste, ännu grekiskspråkiga kyrkan, är *pistis*, tillit, beteckning på det som vi alltför snävt brukar kalla tro. Paulus påpekar att denna tro kommer av lyssnandet och det vi hör kommer av Kristi ord.

Det andra terminologiska uttrycket för att det viktiga i livet kommer utifrån är det vi idag kallar *tradition*. Denna term har sitt ursprung i latinet med betydelse: det överlämnade. På grekiska är motsvarande term *paradosis*.

Detta betyder att de mest centrala termerna för att beteckna tron och det som tron handlar om eller litar till är oupplösligt förknippade med givandet, det som kommer till oss som överlämnad gåva.

Kristen tro har på detta sätt ett ofrånkomligt tema i sin tillit till att det mänskliga livets yttersta bestämning ges med det som kommer till oss utifrån. Livet ges som Guds skapelse, som livsmeningen i det mänskliga livet. Häri ligger också bakgrunden till att det givna genom hela kyrkans historia varit intimt förknippat med kyrkans självförståelse och förutsättning.

Den kristna tron lever av det som blivit givet av Gud till människan, från en generation till en annan, från en människa till en annan och som församlingens påminnelse till sig själv. Både i den hellenistiska filosofin hos Platon och i kyrka och teologi beskrivs detta som ett samband mellan den överlämnade livsmeningen och den överlämnade undervisningen. Dessa tre begrepp, **tradition**, **undervisning** och **lära**, är sammanflätade genom hela kyrkans historia. Kyrkans förutsättning kan därför beskrivas i sambandet mellan tre närliggande fenomen: det givna, själva givandet och det som i gåvan kommer till tals:

paradosis (παραδοσις) traditionen, det överlämnade
didaskalia (διδασκαλια) undervisningen
didaché (διδαχη) läran, det som kommer till tals.

Häri ligger bakgrunden till att "bedriva undervisning" utgör en för kyrkan avgörande central uppgift. Här skall jag lyfta fram några aspekter i denna centrala uppgift, i hopp om att bidra till ett fortgående och nödvändigt samtal och en reflektion kring kyrkans uppdrag att bedriva undervisning.

Redan i de tre termerna – traditionen, undervisningen och läran – ligger några problem som är värda uppmärksamhet.

Traditionen (paradosis)

Terminologiskt har fenomenet uttryckts på likartat sätt i grekiskan, i latinet och i svenskan. Det handlar om det som har överlämnats. I alla tre språken finns det i termen överlämna en viktig dubbel innebörd. Man kan överlämna något för att på så sätt skänka en gåva. Men man kan också överlämna för att därigenom förråda eller svika någon. I Nya testamentet används denna term både för förräderiet mot Jesus och som beteckning på Guds gåva till oss människor.

Denna dubbla betydelse kan fungera som en varningsklocka om vikten av att reflektera kring den uppgift som kanske inledningsvis verkade så enkel. Kyrkans uppdrag att bedriva undervisning handlar ju om att hålla traditionen vid liv. Men hur gör vi det för att inte, utan att ens märka det, i själva verket bedriva en undervisning som förråder det vi fått ta emot?

Traditionen handlar därför i teologin inte enbart om det vi bevarar från en generation till nästa. Det handlar också om det som Gud ger just vår generation. Att överlämna traditionen kan alltså betyda att överlämna Guds gåva till Guds givande. Det är inte vi som bevarar traditionen. Det är istället Guds givande som är traditionen, det som Gud, inte vi själva, till varje generation ger som liv och salighet och frimodighetens grund.

Det finns en risk att vi förvandlar det som den tidigaste teologin kallade *paradosis* till enbart vår gåva till nästa generation. Kyrkans tradition är inte bara sedvana. Traditionen är också en teologisk fackterm som betecknar gestaltningen av och platsen för att synliggöra och låta det komma till tals som Gud i sin uppenbarelse överlämnat till människan. Kyrkan förvaltar detta. Medvetenheten om risken att tradition, överlämnandet, kan förvandlas till ett förräderi motiverar teologin att reflektera kring det överlämnande som vi kallar undervisning, *didaskalia*.

Undervisning (didaskalia)

Överlämnandet är den aktivitet som är oskiljaktigt förenad med gåvan. Det finns en risk, att givandet ställs i fokus så att gåvan hamnar i skuggan. Men gåvan och givandet utgör två perspektiv på det fenomen som det givna livet är. Även om gåvan är primär kan vi inte gärna avstå från reflektion kring givandet. Livet och livsmeningen som given av Gud som alla goda gåvors givare. Det är anledningen till kyrkans och teologins behov av två olika beteckningar: dels det givna, traditionen, dels givandet, undervisningen.

Båda termerna har en innebörd som antyder att aktiviteten pekar bort från sig själv, visar något. Så är det också i den grekiska termen *didaskalia*. I kyrkans undervisning förefaller det rimligt att det som undervisningen visar på inte är något som läraren besitter och eleven saknar. Tvärtom, undervisningens uppgift är att visa på den gåva som både lärare och elev har fått sig given. En avgörande central uppgift för kyrkans undervisning är därför att inte begränsa uppdraget till undervisning om kyrka och kristendom utan också se det som en undervisning om det som blivit givet som frimodighetens förutsättning. Undervisningen är på så sätt det som kommer till tals i tacksamheten (*eucharistoi*) (Kol. 3:15–16). Det är bakgrunden till att det som i den tidiga kyrkan kallas didaskalia formas och kommer till tals och kan "höras" i kyrkan som den allmänneliga gemenskapen, i gudstjänst, förkunnelse och sakrament och i diakoni.

Läran (didaché)

Det som undervisningen pekar på, det som framställs, brukar i kyrkans sammanhang kallas läran. Det är en knepig term. Den tycks mer ha fått sin innebörd av hur undervisningen strukturerat och preciserat innebörden i det man visat på. **Per Erik Persson** (f. 1923) påpekar att ordet i sitt ursprungliga sammanhang helt enkelt står för något som pågick i de kristna församlingarna.

Hur undervisningen ska organiseras och hur det så kallade lärostoffet skall struktureras så bra som möjligt är en så betydelsefull arbetsuppgift att det kan vara svårt att undvika att vägvisaren blir viktigare än det som den visar på. En viktig sida av undervisandets kompetens är därför förmågan att konstruera och placera "vägvisaren" så att den inte hindrar trafiken. Kyrkans undervisning har alltid varit medveten om risken att hänvisningen till läran lätt blir det viktiga. Ofta använt är uttrycket att man inte skall tro på tron men på Kristus. Den lära det talas om i kyrkans undervisning är alltså det som undervisningen framställer, det som den visar på, det vill säga livet och livsmodets grund. Ingen undervisning kan ha sitt syfte i att synliggöra sig själv. Därför krävs alltid en didaktisk kompetens av den som har ansvar för undervisningen och läran, alltså en förmåga att peka på det som läran avser att visa på.

Den givna uppenbarelse som den kristna tron sätter sin lit till, är att Gud "för oss människor och för vår salighets skull har blivit människa". Detta uppfattar kyrkan som den avgörande gåva som givits och som redan i den tidigaste kyrkan kallas det givna, alltså det som på grekiska heter *paradosis*. Undervisningen, *didaskalia*, har kyrkan i alla tider uppfattat som oskiljbar från det i uppenbarelsen givna. Det som kyrkans undervisning visar på, utgör det som teologin kallar *didaché*, läran. Dessa tre är oskiljaktigt relaterade till varandra. Det är denna sammanflätning som ligger bakom att kyrkan i alla tider och i den nuvarande kyrkoordningen för Svenska kyrkan ser undervisningen, *didaskalia*, som lika ofrånkomligt perspektiv på kyrkans liv som förkunnelse, sakramentsutdelande och diakoni.

Undervisning hör till kyrkans kännetecken

Att bedriva undervisning som en grundläggande uppgift för kyrkan har i alla tider inneburit att kyrkan som organisation medvetet har tvingats att reflektera över både vad detta är för en uppgift och hur den skall genomföras. Man kan rent av formulera uppdraget som så fundamentalt att man svårligen kan tänka sig kyrka utan sammanhållning av det överlämnade, undervisningen och läran. Det framgår även av det som brukar framställas som *notæ ecclesiæ*, kyrkans kännetecken. Bland dem nämns inte eller endast indirekt undervisningen. Det kan förefalla märkligt i ljuset av att didaskalia så tydligt betonas i den tidigaste kyrkan. Det kan tyda antingen på att undervisningen inte hör till det för kyrkan ofrånkomliga eller – och det är mer troligt – att de karakteristiska kännetecknen på kyrka är sammantaget de fenomen med vilka kyrkan mottar och vidareför uppenbarelsen. Kyrkans olika kännetecken utgör sammantaget just *didaskalia*, undervisningen. Undervisningen utgör således den sammanhållande beteckningen på de fenomen som i den aktuella situationen formuleras eller betonas som *notæ ecclesiæ*. Kyrkan såsom en pågående lärprocess skall jag belysa här och ser därmed detta komplexa fenomen som innebörden i församlingens samlade ofrånkomliga uppdrag.

Just för att undervisningen nämns i samband med "det överlämnade", alltså det fundament som uppenbarelsen utgör, så är det rimligt att anta att *didaskalia* inte endast utgör **en** av kyrkans verksamheter utan istället är sammanfattande beteckning på kyrkans kännetecken, hennes allmännelighet, evangeliets förkunnelse, sakramentsutdelandet och diakonin. Förhåller det sig så utgör kyrkans undervisning inte ett tekniskt redskap som hon för sin organisatoriska överlevnad funnit ändamålsenligt att använda. Undervisningen utgör istället en grundläggande förpliktelse, ett imperativ som det inte ligger vare sig i kyrkans eller i församlingens möjlighet att bortse ifrån, oavsett om det nämns i kyrkoordningen eller inte. Jag ska därför lyfta fram några teologiska aspekter som jag ser som fruktbara att bearbeta för att belysa vari undervisningens ofrånkomlighet visar sig. På de kommande sidorna ska jag först stanna inför de formella motiveringarna till uppdraget "att bedriva undervisning". Därefter ska jag peka på några för religions- och kristendomsundervisningen avgörande och karakteristiska drag i religioner och kristen tro. Därefter ska jag i tredje kapitlet belysa själva lärprocessen, det som utgör förutsättningarna för det skeende i vilket lärandet äger rum. I det fjärde kapitlet ska jag aktualisera frågan om vilka de kompetenser är som utgör förutsättning för församlingens uppdrag att bedriva undervisning. Men först ska vi titta på vad kyrkoordningen säger om undervisningen.

Kyrkoordningen pekar på uppdraget att bedriva undervisning

I kyrkoordningen för Svenska kyrkan anges att en av dimensionerna i församlingens grundläggande uppdrag är att bedriva undervisning. Denna dimension är lika ofrånkomlig som att fira gudstjänst och utöva diakoni och mission.

> 2 kap. Församlingens uppdrag
> *Församlingens uppgifter*
> 1 § Församlingen är det lokala pastorala området. Församlingens grundläggande uppgift är att fira gudstjänst, bedriva undervisning samt utöva diakoni och mission.

Dop och konfirmandundervisning ...

I kyrkoordningens 22 kap. om konfirmation anges i den inledande kommenterande texten att "ordet konfirmation syftar på både undervisningen och den avslutande gudstjänsten". Kyrkoordningen vidgar i detta sammanhang ansvaret för undervisningen, även om det är församlingen som ska säkerställa att den kan bedrivas. Man anger att det är "föräldrarnas, faddrarnas och församlingens uppgift att ge de döpta en undervisning i kristen tro och kristet liv". Sådan undervisning ska föregå konfirmationsgudstjänsten.

I 22 kap. 1 § i kyrkoordningen anges att konfirmationen "ska innefatta dopundervisning", som alltså anges före "deltagande i församlingens gudstjänstliv". Konfirmationsgudstjänsten betonar genom en föreskriven "redovisning" att undervisningen utgör en för konfirmationen nödvändig aktivitet.

Det är alltså tydligt att konfirmationen inte enbart avser vare sig dop-bekräftelse eller en genom "handpåläggning förnyad delaktighet av Andens gåva" eller den vigningsliknande sändningen "ut i världen som medarbetare i Guds rike".

Det tycks alltjämt i folkligt medvetande vara just undervisningen som utgör det mest förblivande och märkbara innehållet i uppfattningen om konfirmationen. Det kallas ju ofta "konfirmationsläsning".

Också med avseende på kyrkobokföringen framgår undervisningens betydelse genom att det i 3 § stadgas att den "som döps efter genomgången dopundervisning det år han eller hon fyller 16 år eller senare skall antecknas som konfirmerad".

En indikator på att förberedelsen för konfirmation måste innehålla substantiell undervisning och inte enbart träning i kyrko-observans och deltagande i gudstjänst visar sig i kyrkoordningens bestämmelser om vem som kan meddela undervisning i samband med konfirmation. I 4 § stadgas att "den som är behörig att utöva uppdraget som präst i Svenska kyrkan, eller den som kyrkoherden utser ansvarar för den dopundervisning som föregår konfirmationsgudstjänsten". Därmed anges att det förutsätts en teologisk och pedagogisk kompetens hos läraren.

Undervisningen är inte begränsad till församlingens ansvar. Det handlar om hela kyrkans uppdrag. I 5 § anges därför: "Domkapitlet i det stift där en konfirmationsgudstjänst skall äga rum får utfärda bestämmelser för den dopundervisning som skall föregå gudstjänsten".

... men inte bara konfirmandundervisning

Tydligt är att undervisningen handlar om ett uppdrag som den kristna kyrkan sett som ofrånkomligt genom tiderna. Kanske rent av som ett för församlingen konstitutivt uppdrag.

Det finns två centrala uppgifter sammanflätade i kyrkans undervisning. Man kan beskriva dem som uppdraget att visa hur den kristna tron genom generationer och i kyrkans många kulturella kontexter är ett livsmodets språk och rit. Därtill finns ett andra uppdrag, ett folkbildningsuppdrag, med uppgift att göra den kristna trons mångfaldiga uttrycksformer kända. Däri ingår att göra tillgängligt det som kristna genom tiderna funnit vara genuina uttryck för *livsmod och frimodighet*. Detta innebär ett uppdrag att i förkunnelsen göra närvarande det som reformatoriskt kallas Evangelium.

Kyrkans undervisning handlar om förkunnelse och folkbildning

I alla tider har förkunnelse och folkbildning uppfattats som självklara och ofrånkomliga uppdrag. Inte endast som något kyrkan **också** kan ägna sig åt eftersom den teologiskt utbildade ändå kan så mycket. Det har istället alltid uppfattats som ett ofrånkomligt imperativ att förmedla traditionen och förkunna evangelium. Båda dessa uppgifter förutsätter en reflektion kring **urval** i stoffet och en **relevans** i materialet. Det den kristna församlingen hade mottagit skulle förvaltas i undervisning och i läran, i *didaskalia* och *didaché*. Urvalet och presentationen kan sammanfattas som en didaktisk uppgift och relevansen som en hermeneutisk uppgift. Detta är skälet till att dessa med kyrkans självförståelse givna undervisningsuppdrag kan beskrivas som ett *didaktiskt hermeneutiskt imperativ*.

Innan jag går närmare in på de olika problemsfärer som jag särskilt ska uppmärksamma här, ska jag något stanna inför vad som kan anses ligga i den vida men specifika uppgiften att bedriva undervisningen.

Religionspedagogik och religionsdidaktik

I anslutning till den tidiga kyrkans grekiska terminologi har jag valt att beteckna undervisningsuppdraget som *didaktiskt* snarare än *pedagogiskt*. Den terminologiska mångfald som finns i beteckning för kyrkans undervisning har visat sig svåröverskådlig: *kateketik, religionspedagogik, religionsdidaktik, religions*- eller *konfirmations*- eller *dopundervisning*. Varken i dagligt tal eller inom forskningen på området råder en fastställd och entydig terminologi. Det är svårt att se en av alla accepterad tillämpning av en eventuell olikhet mellan religionspedagogik och religionsdidaktik. Ibland uppfattas didaktiken som ett i förhållande till pedagogiken åtskilt kunskapsområde, ibland tvärtom. Ibland ses pedagogik som paraplybeteckning, ibland ses didaktik som paraplybeteckning. Vad som utgör det överordnade teoretiska och metodiska perspektivet inom detta verksamhets- och forskningsfält saknar enstämmigt svar.

När jag här valt uttrycket *religionsdidaktik* så gör jag det av fyra huvudskäl:

1. I kyrkans och teologins historia har man av språkliga och kulturellt betingade skäl, som jag beskrivit ovan, betecknat undervisningen med termerna *didaskalia* och *didaché*.
2. I vissa sammanhang har man utvecklat didaktiken som reflektion kring **samverkan av tre kompetenser**, knutna delvis till de didaktiska huvudfrågorna. Didaktik har på så sätt utgjort beteckning på den reflektion som formas i mötet mellan undervisningsmetodik, pedagogik och innehållsliga, ibland kallade ämnesteoretiska, kunskaper.
3. Undervisningsuppdraget innebär reflektion över tre så kallade *didaktiska huvudfrågor:* Vad? Hur? För vem? Den teologiskt avgörande sammanhållande centrala frågan är: Varför?
4. *Didaktik* förefaller rymma en mer komplex och inklusiv problemsfär än den närliggande deldisciplinen kateketik inom ämnet praktisk teologi.

De fenomen som jag i detta häfte kommer att behandla, handlar därför om ett komplext men ofrånkomligt uppdrag, givet med kyrkans självförståelse att i varje tid göra konkret närvarande den livsförståelse som har sitt fäste i evangeliet. Det uppdraget har jag valt att beteckna som ett *didaktiskt hermeneutiskt imperativ*.

Religionsundervisning under 1900-talet

Svenska kyrkan har under 1900-talet format sin religionsdidaktik i huvudsak utifrån tre till fyra olika men samtidiga, dominanta och sammanflätade teoretiska strömningar.

Gör vi översikten kronologisk så innebär 1919 års skolreform att skolan principiellt bestäms vara neutral i relation till sin samtids konfessionella olikheter. Det kom 1919 att betyda att den lutherska katekesen inte längre används som lärobok i kristendomskunskap. Istället centreras undervisningen till det för de olika kristna konfessionerna gemensamma, nämligen bibeltexten och etiken. Hög konfirmationsprocent bidrog dock till att den sammantagna folkbildande undervisningen präglades av skolans bibelundervisning och konfirmationsundervisningens katekeskunskap. Så var situationen fram till 1960- och 1970-talens förändringar.

Dessa kan karakteriseras som en uttalad strävan efter att knyta undervisningen till existensen. Så skedde både inom den allmänna skolan och i konfirmationsundervisningen. **Ingmar Ström** (1912–2003) publicerade 1966 i konfirmandboken *Kom och se* en existensrelaterad framställning av den kristna tron i kombination med löpande läsning av ett av evangelierna. Denna så kallade livsfrågepedagogik blev också uppslag till en studie om hur tonåringarna i den allmänna skolan uppfattade religionsundervisningen. Det var gymnasieinspektören **John Ronnås** (1923-2012) studie *Tonåringen och livsfrågorna*. Den publicerades av Skolöverstyrelsen 1969. Den huvudsakliga och alldeles självklara insikt, som lyftes fram, var att intresset för religion var minimalt medan däremot intresset för de existentiella så kallade livsfrågorna var mycket stort hos tonåringarna. Detta kom att forma en undervisningsmetodisk teori om att religiösa fenomen skulle presenteras i undervisningen som underlag för förstälse och redskap att bearbeta det mänskliga livets ofrånkomliga frågor.

Med denna idag helt oomstridda metodikteori formades det mesta av lärarutbildningen under 1970- och 80-talet. Den formades, kanske mest profilerat, av lärarkollegierna vid lärarutbildningarna i Karlstad, Malmö och Stockholm.

Kanske kan man ana ytterligare förändringar under 1990-talet. Tydligt visar det sig på två sätt. Det ena är ett ökat intresse i den allmänna skolan för det som kom att kallas "främmande religioner". Orsaken torde vara att de inte längre kunde betraktas som exotiska i en situation när vi plötsligt i folkhemmet "fick främmande". Den andra förändringen kan skymta i konfirmationsundervisningen. Allt större vikt kom att läggas på inskolning i kyrkans livsgemenskap. Den ansvarstagande sociala gemenskapen och den, genom liturgireformerna, estetiskt burna kyrkogemenskapen blev viktiga mål för undervisningen. I det utgående

1900-talet kan man ana en ambition i kyrkans undervisning som betonar kyrklig inskolning genom konfirmations- och ungdomsarbetet. Samtidigt utformas detta i vuxenarbetets undervisning som en estetiserad gestaltning och inövning i det som ibland kallas spiritualitet.

Jag avser inte att här närmare följa hur den allmänna skolans religionsdidaktiska uppgift diskuterats under slutet av 1900- och början av 2000-talet. Det jag här ska koncentrera mig på är innebörden i och förutsättningarna för kyrkans uppdrag inför det hermeneutiskt didaktiska imperativet.

Religious literacy och alfabetisering

Sedan några år möter man allt oftare uttrycket *religious literacy*. Uttrycket myntades mer publikt som boktitel 2007 *Religious literacy, what every American needs to know – and doesn't* av den amerikanske religionsvetaren **Stephen Prothero** (f. 1960). Den aktualiserar ett fenomen som trots religionernas allt större roll i kultur och politik blir alltmer tydligt. Det finns en bristande förtrogenheten med religioner, religiösa tankemönster, språkliga, estetiska, kulturella och litterära artefakter. Det innebär i bästa fall enbart en lakun inte värre än annat som vi inte känner till eller bryr oss om. Men i värsta fall innebär det att vi alla berövas tillgången till det som hör till civilisationen. Risken är att de fenomen, som bär upp och håller vid liv den mänskliga värdigheten och förmågan att gå utöver sig själv, går förlorade, som hos ett folk utan förmåga att läsa eller skriva. Religiös analfabetism innebär en begränsning av förmågan att kommunicera, en brist lik den hos en människa som saknar sammanhang och förmågan att läsa och skriva.

En religionsalfabetisering innebär därför ett uppdrag att göra religionernas uttrycksformer, mångfald och innebörder tillgängliga. Häri ligger ett folkbildningsuppdrag som uppenbarligen blir allt mer angeläget.

Den religiösa analfabetismen innebär nämligen inte bara en bristande förtrogenhet med religiösa fenomen. Den innebär även en bristande förmåga att kritiskt och fruktbart förhålla sig till religion, kultur och samhällsliv. Effekten blir att fördomen kommer att bestämma förhållandet till det främmande, de andras religion. Inte minst visade sig detta i de omedelbara spontana amerikanska reaktionerna på händelserna den 11 september 2001 i World Trade Centre i New York. Att kapa flygplan, rasera byggnader och döda människor är olagligt. Men när brottslighet kom att identifieras med islam är det en skrämmande, förödande effekt av bristande folkbildning. I USA mördas fler människor av kristna än av muslimer. Fler människor dör i trafiken än i 11 september-tragedin. Men ingen president skulle för den sakens skull inleda ett militärt väpnat världskrig mot mördandet, de kristna eller trafikolyckor. Felslutet i utformningen av kriget mot terrorismen är förmodligen grundat i bristande *religious literacy*. Eftersom det var det viktigaste i USA som blev angripet, själva det centrala templet för World Trade, så utgick presidenten från att angreppet var orsakat av de främmandes religion, och plötsligt blev terrorism det samma som islam och kriget mot terrorism ett korståg under dollarsedelns motto: *In God we trust*.

Det finns skäl att, med kunskap om religioner och religiösa traditioner, göra tydligt att religioner inte skapar krig, utan handlar om det viktigaste, det som man för sitt liv är beroende av. Det är skälet till att ingen kan gå i krig om man inte gör det med all den fundamentala livskraft som religionen ger språk till. Religionen är ett fenomen som människor, samhällen och kulturer använder när de ska ge uttryck för eller inramning till det viktigaste. Religioner har som få andra fenomen bidragit till betoning av ansvar, nästankärlek och respekt för den andre. Men detta bygger på förtrogenhet med religiösa traditioner och fenomen. Uppdraget att undervisa innebär därför ett folkbildningsuppdrag i syfte att undvika vidskepelsen, självupptagenheten och främlingsföraktets fördom om det annorlunda och de andra som något hotande istället för att se dem som enbart andra annorlunda.

Språket by heart – om religious literacy and cultural skill

Att bedriva undervisning har speciellt i de evangelisk-lutherska kyrkornas tradition en starkt betonad plats. **Martin Luther** (1483–1546) var medveten om betydelsen av undervisning och skola, inte bara den teologiska undervisningen, där han som teologiprofessor i Wittenberg kom att betona vikten av teologisk kompetens, som ett skydd för evangelieförkunnelsen. Utan Luther skrev och debatterade också om den allmänna skolan som en nödvändig förutsättning för ett fungerande samhälle. Tjänstemän i samhället måste ha en stark egen professionalitet, med hög integritet och god kompetens, för att med saklighet tjäna och skydda medborgarna. Ett samhälle behöver jurister, läkare, goda affärsmän, hantverkare och lärare. Allt detta förutsätter fungerande skolor och meningsfull undervisning.

Luther klagade hos furstarna över att biskoparna inte skötte sitt ansvar och sin tillsyn över skolorna. Resultatet blev att Luther av furstarna fick i uppdrag att visitera skolorna och undervisningen. Det är de beklämmande brister som Luther såg vid dessa visitationer som motiverade honom till att inte bara skriva sina katekeser. Han föreslog även, med hänsyn till utbildningens betydelse för ett fungerande samhälle, en rad utbildningsreformer. Här ska jag inte uppehålla mig vid hans förslag gällande den allmänna skolan, utan istället se på hans resonemang i samband med kyrkans undervisning.

I anslutning till sin samtids allmänna föreställning om språkets, talets, lyssnandets och samtalets funktion betonar Luther vikten av att ha ett språk. Det är när en människa har ett eget levande språk som hon också har den frihet som ligger i att kunna formulera och forma sin verklighet. Viktigast för Luther i hans betoning av språket är att kunna Guds ord *utantill*. Ibland har detta missuppfattats, som att det skulle handla om att kunna *utantill* i betydelsen: kunna rabbla, oavsett om man begriper eller inte. *Utantill* har uppfattats som ytligt. Men för Luther är det precis tvärtom. Det handlar om att ha tillgång till språket så nära sig själv att det är utanför texten. Ett levande språk är ett muntligt språk. Det mest levande språket är modersmålet. Det språket kan jag använda för att få sagt det viktigaste i livet.

Kyrkans undervisning är för Luther av detta skäl inriktat på att utveckla ett levande språk hos den enskilde, det språk som handlar om det viktigaste i livet, hennes livs mål och mening. Därför ska människan kunna buden, trosbekännelsen och Fader vår utantill. Den människa som har dessa språkliga tillgångar till livets mål och mening är för Luther därför också den friaste av alla människor. Ingen kyrka i världen, ingen uttolkande makt, ingen furste eller bristande köpkraft, kan längre ta Livets Mening eller Guds Ord ifrån henne.

20

I ljuset av Luthers förståelse av och ambition med kyrkans undervisning kan vår reflektion kring den kyrkliga undervisningens folkbildande funktion ses. Uppdraget är att förhindra den kristna analfabetism, som berövar människan hennes grund för frihet. Det handlar alltså inte bara om den triviala folkbildning, som ligger i att det alltid finns någon, som är intresserad av att lära sig mer om sådant, som inte alla andra är intresserade av. Det handlar i kyrkans undervisning i själva verket om själva förutsättningen för människans frihet. Detta folkbildandets imperativ är idag en del i det som också formuleras i deklarationen om de mänskliga rättigheterna. Skola och undervisning är så livsavgörande att de därmed intressant nog inte är en rättighet men en plikt.

Konfessionerna, samhällets och skolans värdegrund

Det som Martin Luther uppfattade som skolans primära uppgift är alltjämt skolans primära motivering. Utbildning behövs för samhällets bestånd. Utbildning behövs för att ge människan tillgång till den frihet som är hennes. Denna grundläggande förförståelse av skola och utbildning får en extra markering under upplysningen. Det engelska renässansgeniet **Francis Bacon** (1561–1626) pläderar för en kunskap, som gör det möjligt för människan att bygga ett samhälle och en teknik för människans skull. Kunskap är makt, som gör det möjligt, menar han, att bygga ett mänskligt samhälle. Skola och undervisning får härmed ett tydligt uppdrag att ordnas för att skydda den mänskliga ansvarigheten. En sådan bestämning av skolans uppgift klargör att kunskap aldrig är bara kunskap. Kunskap är alltid någons kunskap, och därmed motiveras frågan om vems kunskap och för vem som skolans undervisning ska bedrivas.

Den svenska skolan har länge formats av en skolpolitisk uppfattning om att religionskunskap hör till det som alla barn har rätt till. Det är skälet till att undervisningen i ämnet utgör ett obligatoriskt inslag i skolan. En viktig bakgrund till detta är att man menat att skolan är till för barnets skull, på barnets villkor. Det är inte vuxenvärlden och inte heller de etablerade religiösa gemenskaperna som utgör skolans subjekt med barnen som objekt. Tvärtom är skolan allas och ingens, som sådan skall den till barnen lämna det som är allas och ingens, så att barnen kan bli självständiga aktörer för att forma sin värld. Alternativet är att skolan istället är föräldrarnas. Religionsundervisningen är i många länder utformad så att den sköts av de religiösa samfunden. Barnen blir därmed hänvisade till den religiösa tradition som föräldrarna tillhör.

En sådan uppläggning har en bakgrund i upplysningsfilosofins uppdelning mellan sådant som hör till individens integritet och sådant som är samhälleligt gemensamt. Det kan påminna om den lutherska uppdelningen mellan lag och evangelium. Genom sakliga krav i etiken och lagen formas det som i skapelsen är givet som ofrånkomliga krav i varje samhälle och kultur. Den sekulära staten och skolan får ansvar för den etiska undervisning som befrämjar ordning och reda det vill säga det som teologin kallar *lagen*. Det andra är kyrkans förkunnelse och undervisning, uppgiften att utdela förlåtelse och livsmod det vill säga det som teologin kallar *evangelium*.

Det är denna lutherska tvåregementslära, som den amerikanske religionssociologen **Peter Berger** (1929-2017) ser som en viktig förutsättning för betoningen av mänskliga rättigheter och demokrati. Det gemensamma i skolan handlar om lagens saklighet som får sitt innehåll av nästans behov. På så sätt finns det i den sakliga omsorgen ett värn mot att religionsundervisningen förvandlas till västerländsk främlingsrädsla. Religionsundervisningen måste hitta sin väg utan att fångas av etnocentrismens främlingsrädsla, men inte heller fångas i det han kallar mångkulturalismens masochism. Det är hans beteckning på den tolerans, som accepterar allt och alla religiösa kulturella gestaltningar utom den egna kulturens religiösa tradition.

I många länder spelar kyrkans undervisning en aktiv roll också i den allmänna skolan. Samfunden ansvarar, på avsatt skoltid, för all religionsundervisning. När den sekulära skolan och staten på detta sätt hänvisar barnet till samfundens konfessionellt inramade undervisning är syftet att slå vakt om en principiellt religionsbefriad skola. Ytterst vilar arrangemanget på ett frihetsideal, som syftar till att skydda barnet, men effekten kan bli en riskerad petrifiering och en självcentrerad kyrka. Svensk religionskunskapsundervisning har, sedan 1900-talets andra hälft, istället motiverats med att skolan är till för barnets skull och ska ge barnet tillgång till religion och kultur så att barnet får kunskapens makt att tillsammans med andra bygga samhälle och kultur.

Kristen undervisning, inte för skolans, inte för livets, men för livsmodets skull!

Kyrkan har i alla tider uppfattat en förpliktelse att bedriva undervisning. Det utgör en ofrånkomlig aspekt av det som kyrkan fått ta emot och som utgör hennes förutsättning både vad gäller det evangelium som Gud ger och den organisation som de troende har ansvar för. Uppdraget att bedriva undervisning handlar om ansvar. Det betyder att det utgör vårt enskilda och församlingens samlade svar på den dubbelhet, som ligger i att Gud både omotiverat ger oss liv och sakligt ger oss uppdrag. Kyrkans primära uppdrag är evangelieförkunnelsen och sakramentsutdelandet. Det ges för att vi skall få den frimodighet som saklig omsorg i samhället behöver. Vi lär inte för skolan, vi lär för livet. Det är ett riktigt och viktigt motto för skolans arbete. Kanske kan det också användas om kyrkans uppdrag att bedriva undervisning. Vi lär inte för kyrkan, vi lär för livet. Men är det så att kyrkans undervisning oskiljaktigt och sammanflätat hänger ihop med den uppgift som ligger i förkunnelse och sakrament, då kanske motsättningen inte är skola – livet, inte heller kyrka – livet? Sambandet mellan kyrkans förkunnelse och hennes undervisning kanske mer precist handlar om att vi lär för livsmodets skull. Luther beskriver detta livsmod i sin lilla skrift *En kristen människas frihet,* som att en kristen är den friaste av alla och ingen underdånig och är allas villige tjänare och envar underdånig. Den korta dubbelheten utgör en ingång i förståelsen av vad det betyder att kyrkan ska bedriva undervisning. Det handlar inte om att vara en skola vid sidan om skolan. Det handlar om en undervisning som tydliggör den frihet som skapar frimodighet, integritet och självkänsla. Och det handlar om det sociala ansvarstagande, som förutsätter lyhördhet, djärvhet och självuppoffring. Däri ligger den avgörande poängen i en evangelisk-luthersk kyrkas uppdrag att bedriva undervisning. Undervisning ingår i kyrkans förkunnelse. Undervisningen hänvisar oss till en saklig omsorg om nästan därför att vi är befriade från omsorgen om oss själva och därmed får en klar blick för nästan.

I följande tre kapitel ska jag belysa tre för kyrkans undervisning avgörande fenomen. Först skall jag säga något om kristendom, som undervisningen visar på. Därefter ett kapitel om vad det är som händer i lärprocessens: Vad kommer till tals? Så ett avslutande kapitel om vilken kompetens som församling och kyrka måste säkerställa för att genomföra uppdraget att bedriva undervisning.

Undervisningens situation i ljuset av teologins förståelse av kristendomen

> Evangelium är evangelium bara i vår historiska verklighet.
> *Evangelium och kyrka*

Undervisning i kyrkans sammanhang har alltid handlat om att göra traditionen tillgänglig. En av de tidigaste skrifter som beskriver livet i en kristen församling är *Didaché* från mitten av 100-talet. Detta var länge en skrift som teologihistoriker förstod hade funnits en gång men antog hade gått förlorad. Först 1873 fann man denna skrift, som utgör en sammanfattande presentation av kyrkans *didaskalia* och en kyrkoordning för gudstjänst och församlingspraxis i den tidiga kyrkan i Syrien. I sina huvuddrag möter vi där en kristen församling och kristen tro, sådan den i allt väsentlig fortfarande är utformad.

När Luther skriver sin katekes till hjälp för undervisning har traditionen en likartad struktur som ännu idag är den gängse: buden, trosbekännelsen i sin korta form, Fader vår samt förklaring av dop, nattvard och syndernas förlåtelse. Det är dessa traditionsbärande kondenserade framställningar som ibland genom en strikt men begränsad undervisningspraxis bidragit till en förståelse av kristendom, kyrka och lära som en statisk, sluten livsåskådning, uttryckt i en fixerad text eller som ett katekesbundet och väldefinierat läroinnehåll.

Det har emellertid i alla tider varit en uppgift för den teologiska reflektionen att hålla vid liv en medvetenhet om att katekes och kristen tro inte är detsamma. Katekesen, som ett hjälpmedel i undervisningen, är något annat än det man tror på. Ett fruktbart hjälpmedel förvandlas, som de flesta vet, gärna lätt till det föredömliga. Det klargörande kan därmed ge intryck av att också vara det genuina. MEN och detta är viktigt: Katekesen är också hos Luther skriven som en strukturerande hjälp för prästerna i undervisningen. Det som kom att kallas *didaskalia* är, som jag påpekat några gånger nu, inte katekesen. **Kyrkans undervisning, *didaskalia*, är beteckning på den process i vilken livsmodet, den kristna frimodigheten och tron blir närvarande och kommer till tals.** Det som undervisningen ska ge är alltså inte enbart kunskap om men i första hand trons frimodighet och det som för den enskilde gör påtaglig den redan genom skapelsen och rättfärdiggörelsen givna allmänneliga gemenskap, som kyrkan kallar helig.

Den process i vilken den kristna tron kommer till tals går att beskriva. Man kan likna katekesen vid en framställning av kyrkans modersmål: ett lexikon och en grammatik. Men det avgörande viktiga med modersmålet är att man i det finner möjligheten att få något sagt och att få sagt det på ett också för andra begripligt sätt. Modersmålets uppgift är inte att bli föremål för lexikon och grammatik utan att vara det, som den enskilde känner sig trygg i när hon talar om livets viktigaste fenomen. Den verklighet, som kyrkans undervisning kallar kristen tro, möter i katekesen och i bekännelsen, i bibelberättelserna och i den kristna erfarenheten, i förkunnelsen och sakramentsutdelandet. Den verkligheten ska i kyrkans undervisning inte förenklas till banalitet utan framställas så att den enskilde i undervisningen, i kyrkans *didaskalia*, får möta hela den rika, komplexa och färgrika verklighet, som kristna människor genom historien känt igen som livgivande verklighet och livsmodets uttryck.

Den kristna traditionen har i olika tider, i olika kontexter och livssituationer, förmått ge livsmod, därför att kristendom kan karakteriseras som

plastisk – inte pluralistisk,
hybridiserad – inte under upplösning,
diskursiv – inte inlägg i debatten.

Plasticitet – inte pluralitet

Kyrkans och kristendomens historia är ett märkligt fenomen. Den kan följas genom Europas omtumlande föränderliga historia. Det finns ingen ännu bevarad social eller kulturell institution med så lång livslängd. Från vår tideräknings början fram till idag och under sociala och kulturella växlingar är kyrkans historia så grundläggande och genomgripande att man kan undra om vi i annan än mytisk mening kan tala om en motsvarande lång historisk kontinuitet. Olikheterna mellan den grekiska statens och det romerska imperiets styrformer och modern parlamentarism är större än mellan Afghanistans talibaner och parlamentet i London. Olikheterna mellan den romerska rätten och den germanska rätten är större än mellan Kinas och USA:s konstitution. Olikheten mellan en latinamerikansk evangelikal församling och gudstjänstgemenskapen i påvens kapell i Vatikanen är större än mellan synagogan, kyrkan och moskén i Cordoba i 700-talets Spanien. I dessa olika kontexter har kyrkan formats.

Kyrkans historia rymmer denna märkliga mångfald och samtidigt en identifierbar kontinuitet i skapandet av kultur, samhälle och dagligt liv. Kanske det rent av är just detta som utgör det som för den kristna kulturen är det gemensamma och karakteristiska. Vi vet att det som ibland framställs som den odelade kyrkan under de sju första århundradena samtidigt kännetecknades av stor mångfald. I både vad gäller utformningen av gudstjänsten, kyrkorätten och relationerna till den imperiegemensamma kyrkan finns en extrem mångfald av kyrkans dagliga liv. Förmodligen är det så att det som var **det gemensamma var just acceptansen av gemenskap i mångfalden**.

Enhet i mångfald bygger på olikheter. Att hantera livets knepigheter bygger på respekt för det mångahanda. Mitt i denna kultur av mångfald och enhet, gemenskap och spänningar fanns även en föreställning om värdet av det särartade. Lockelsen i det särartade gjorde att också de kristna grupperna frestades att uppfatta sin egenart, sin styrka och sin möjlighet att överleva som om den låg i att just vara särartad. Men samtidigt visade det sig vara precis tvärtom. Genom att inte knyta helighet till det särartade utan istället till det allmänmänskliga, så kunde kristendomen bevara sin särart i bekännelsen till det allmänmänskliga som heligt, det rika, mångkulturella och skiftande livet.

Den kristna kyrkan växer under slutet av 300-talet. Genom kejsar **Theodosius** edikt 380 och i den trosbekännelse som formulerades i konciliet i Konstantinopel 380, uttrycks det karakteristiska för kyrkan: kyrkan är allmännelig. Därmed blir enligt den kristna tron livets, kulturens och imperiets mångfald just den verklighet till vilken livets mening kommit att knytas.

Den teologiska bakgrunden till denna sammanflätning av allmännelighet och kristen tro hade formulerats i den tidigaste kyrkan hos Paulus och av teologer som **Justinus Martyren** (100–165) och **Irenaeus** (d. c. 200). Det är inte det särartade isolerande som förenar de kristna utan tvärtom det givna allmänmänskliga livet i den skapade verklighet som vi nu en gång har att gemensamt leva i. Därför betonas till exempel av Irenaeus att den kristna tron inte lever av det uttänkta. Tron lever av att livets Mening påtagligt genom inkarnationen bundits till den gemensamma konkreta verkligheten. Tron lever av den tilliten och den undervisningen kyrkan fått motta idag, från hand till hand i konkret möte mellan människor i obruten historisk gemenskap i inkarnationens historiska konkreta verklighet.

Fyra evangelier

Trots försöken att sammanfläta de fyra evangelierna till en enda sammanhängande berättelse om Jesu liv, så har kyrkan hållit fast vid fyra evangelier. Det har gjorts försök att ta sig bakom de fyra berättelserna. Det är inte så länge sedan som en ur de fyra evangelierna sammanhållen passionsberättelse fanns med i kyrkans gudstjänstordning och i psalmboken. Den bakomliggande tanken är att verkligheten är en enda, händelser kan inte ske på två, än mindre på fyra olika sätt. Jesu liv måste vara ett enda händelseförlopp. Men kyrkans och den kristna trons bekännelse har funnit livsmening och tröst i fyra evangelier. Anledningen är att livet alltid är olikartat och att evangeliet alltid möter olika människor. Ska det vara en tröst att livets mening, Gud själv kommit till oss människor, så måste detta också framställas på olika sätt. Det visste de första kristna när de berättade om Jesus. Därför var det från den tidigaste kyrkan viktigt att ha fyra evangelieberättelser. **Matteus** skriver till judiska läsare, **Markus** skriver troligtvis till hednakristna i Rom. **Lukas** evangelium hänger samman med apostlagärningarna som förmodligen skrivits av samme Lukas. Han har därmed skrivit cirka 28 procent av Nya testamentet och Paulus "bara" cirka 25 procent. Lukas två texter riktar sig till de många som fann glädje i att Gudsriket nu flyttat sitt centrum från Jerusalem till Rom och därmed blivit ett Gudsrike, som omfattade alla, juden såväl som hedningen. **Johannes** evangelium har en helt annan stil och dramaturgi än de övriga tre. Genom dessa fyra olika framställningar kunde den allra tidigaste kyrkan göra tydligt att Gudsuppenbarelsen nu har kommit till alla folk, till var och en på dess språk och kultur och därmed kommit det mänskliga livet så nära det kunde komma.

De fyra evangelierna påminner oss om att livet är olikartat. Därför måste också framställningen av den kristna trons förutsättning och centrala fäste ske på olika sätt. I formuleringarna i bönen Fader vår möter vi ytterligare en aspekt av mångfald och förändring. Två böner i Fader vår är sådana att de inte kan läsas utan att varje gång handla om något annat än tidigare. Det gäller bönen om förlåtelse och om dagligt bröd. Alla de synder jag i bönen ber Gud förlåta är nya varje gång bönen läses, så också den skuld, som jag ska förlåta andra. Den skuld som hörde gårdagen till har idag ersatts av ny, som jag i bönen ber Gud förlåta och som jag lovar förlåta andra.

Det dagliga brödet är varje dag nytt. Gårdagens bröd eller brödet för morgondagen behöver inte bekymra mig. Varje ny dag kan mötas i förtröstan på att alla goda gåvors givare varje dag rikligen försörjer mig med förlåtelse och dagligt bröd. I evangelierna och i bönen **Fader vår** finns en märklig uppmärksamhet på det just nu givna livet, som en Guds omsorgs gåva. Inte gårdagen, inte morgondagen utan just nu, i den "idag" som varje morgon ges på nytt och alltid som ny. Här lever människan sitt liv. Det är i denna föränderlighet och detta ständiga "på nytt" som den kristna trons fäste ger hopp och frimodighet.

Den kristna tron handlar därför inte om ett liv i största allmänhet, ett liv, som likaväl kunde vara någon annans i annan tid och på annan plats. Kristen tro handlar alltid om livet just nu, här. Detta konkreta liv är det som Gud ger, älskar och blev människa i. Livet i allmänhet är alltid konkret. Ingen människa lever ett liv i största allmänhet, vi lever alltid vårt egna liv. En lärare kan inte undervisa i allmänhet, han och hon undervisar alltid en speciell klass eller en speciell elev. Ingen sjuksyster kan vårda i största allmänhet utan alltid konkreta patienter med konkreta problem. Ingen polis kan dirigera trafiken i största allmänhet utan alltid på en speciell gata och speciella bilar. När den kristna tron formulerar den avgörande heliga gemenskapen, som allmännelig, är det inte för att säga att livet är allmänt. Tvärtom handlar det om att heligheten är knuten till det liv vi alla lever, och det livet är alltid, i allmänhet, mycket konkret.

Inkarnationen är uttryck för detta konkreta. **Maria** och **Pontius Pilatus** är livets betingelser. Den kristna tron utgör en tillit till att livets Mening har mött oss som en människa, lika påtaglig och konkret som vi alla. Tron på inkarnationen formuleras i trosbekännelsen som tilliten till att livets Mening, för vår salighets skull, har blivit människa, född av Maria och dödad under Pontius Pilatus. Livets Mening delar på så sätt öde med oss alla. Paulus formulerar det pregnant i Gal. 4:4 "Men när tiden var inne sände Gud sin son, född av en kvinna och född att stå under lagen". Detta hör till det mänskliga livets grundläggande och ofrånkomliga villkor, att födas av kvinna och vara insatt i de sociala och kulturella ordningarna. Detta betyder i kristen tro att livets Mening kan vi inte finna någon annanstans. Det är denna livsmeningens inkarnation som kommer oss till mötes i nattvarden, lika påtaglig som en konkret människa av kött och blod, på den plats och i den tid när vi äter och dricker den delade måltiden. Kristen tro lever av tilliten till att det är i den påtagliga konkreta verkligheten som Gud och livsmeningen har lovat att vara med oss.

Det konkreta livet skiftar från människa till människa, från tid till annan. Ibland har den kristna trons envisa fasthållande vid att allt är tidsbundet, allt är relativt, oroat därför att det ligger alldeles i närheten av uppfattningen att allt är likgiltigt. Men att allt är relativt betyder inte att mitt liv är vilket liv som helst. Mitt liv är mitt och i det konkreta livet möter mig Gud och livsmeningen, lika påtagligt livgivande som födelse, måltid och tilltal. Lika ofrånkomligt är livets Mening närvarande i varje konkret mänskligt liv. Det är bakgrunden till att kyrkan i alla tider slagit vakt om att Evangeliet möter oss i olika gestalt, just därför att det är evangelium till vars och ens konkreta liv. Den konkretionen kan inte se ut hur som helst. Den kan bara se ut som den ser ut i det konkreta liv, som formas i just mitt och min nästas livs verklighet.

Kyrkans tro känns därför alltid igen på att den lever i en konkret mångfacetterad värld. Kristendom och genuint livsmodsskapande kyrkoliv ser ut på ett sätt i Latinamerikas fattigdom och på ett annat sätt i gemenskapen kring den katolska kyrkans högsta hierarki i Rom. Den ser ut på ett sätt i den evangelikala väckelsens lovsångsgudstjänst och på ett annat i den nordtyska lutherska landsortsförsamlingens kyrka. Också i Asien och i Afrika formas de kristna kyrkorna i en inbördes mängd olika former. Också vaxnäsan, som kan böjas och formas så olika, sitter mitt i ansiktet – kristen tro är inte vad som helst men skiftar alltid. Det är med all säkerhet denna möjlighet att gestaltas som igenkännbara former i varje kultur och varje social kontext, som gör kristendom till allmännelighetens, katolicitetens religion.

Kyrkans liv är alltid ett liv i en konkret miljö. De konkreta samhällenas olikheter utgör därför aldrig ett hot mot den kristna tron. Tvärtom är det enbart när tron formuleras med hjälp av den konkreta kontexten, som undervisningen kan ge en tilltalande och livsmodsskapande gestalt åt vardagens ofrånkomligheter. Det är den kristna trons plasticitet, dess föränderlighet, som gör att den kan bli livsmodets röst i den miljö där undervisningen sker.

Hybriditet – inte upplösning av traditionen

Kristendom är alltså ett föränderligt fenomen. Kristen tro är tilliten till att Gud just nu, i den verklighet jag faktiskt och konkret lever i, ger liv och salighet. Gud kom till oss människor i inkarnationen. Det är inte vi människor, som tar oss till Gud.

Denna oupplösliga sammanflätning av livets mening och konkret liv innebär att vi alltid möter kristendom i den gestalt, mångfald och föränderlighet som livet nu består av. Också det, som vi lärt känna som genuina uttryck för kristendom, är format av trons möte med verklighetens och kulturernas mångfald. Det är tänkvärt att huvuddelen av den kristna bibeln utgör texter, som från början och alltjämt är den hebreiska och mosaiska religionens textsamling.

Radbandets pilgrimsvandring

Den kristna trons kontextualitet är förutsättning för dess liv. Bara genom att formulera sig med hjälp av det konkreta och kontextuellt givna kan kristen tro bli begripliggjord. När den tidiga kyrkan i det grekisktalande romerska imperiet skulle formulera det vardagliga livet som helig gudshistoria, då visade sig den hebreiska litteraturen vara bättre än de hellenistiska idealiserade filosofernas lärda verk.

Den kristna tron har, likt annan religion och kultur, behov av artefakter för tankens, känslans och gemenskapens rytm och gudstjänst. En sådan artefakt, som vi förknippar med kyrkans gudstjänst, är rosenkransen i Mariafromhetens böneliv. Radbandet är ett ovanligt tydligt exempel på hur kristendom är formad i en hybridisering, en sammansmältning, med religiösa och kulturella fenomen från andra religioner. Denna sammansmältning betyder inte att kristen tro upphör att vara kristendom, inte heller innebär det en distansering från det som rimligen utgör den kristna trons centrum.

I indiskt och i synnerhet i buddhistiskt andaktsliv, är upprepningen ett sätt att förknippa bönen med människans andning och årstidernas upprepning. Livets rytm och upprepning gestaltas i bönesnurran eller bönekvarnen. Vi använder ibland uttrycket i överförd betydelse, som tecken på ett ytligt malande. Den faktiska funktionen är en existentiell förankring i livets rytm. I de flesta kulturer och religioner finns detta rytmiska fenomen. I Indien fanns och finns också en tradition att använda blommor som estetiskt stöd för gudstjänst och andakt. Dessa blommor, rosen och liljan, följde handelsvägarna till Arabien och fångades som estetisk prydnad också i den muslimska fromhetens radband. Med arabernas expansion kom muslimsk bönekultur till Spanien. Där upptogs den i Mariafromhetens andakter. Rosen och rytmen, bönen och bandet, skapade genom anknytningen till Maria, den kristna rosenkransen. Inkarnationsteologins förtröstan på att det är en ros utsprungen.

Rosenkransen hade vandrat över kontinenter, som en hybridisering av kulturers estetiska och religiösa artefakter, för att hamna i den döendes knäppta händer. Där ger den tröst att Gud, i inkarnationen, delar livets betingelser av födelse och död med oss alla.

Kristen tro får sitt innehåll bara i vårt sammanhang – inkarnationen

Ibland får man bilden av att inkarnationen är ett passerat fenomen: det var en gång... Men det är en märklig upplevelse som jag tror att många gjort inte minst i julgudstjänstens sånger: "oss är en frälsare född... nu begynner vårt jubelår..." Det var inte en gång, utan istället – i stallet – just nu, här och runt hela vår värld ... Inkarnationen utgör ett teologiskt begrepp för Guds förblivande närvaro mitt i det konkreta mänskliga livet. Inkarnationsteologin rymmer många aspekter. I samband med reflektionen kring den kyrkliga undervisningens förutsättning, vill jag fästa uppmärksamhet på hur den kristna trons hybridisering har ett av sina avgörande fästen i den kristna trons tilllit till Guds människoblivande. Det finns i vårt sammanhang här i varje fall två avgörande poänger i inkarnationsteologin: den ena är att evangelium är evangelium endast som historiskt konkret verklighet, och den andra poängen är att gestaltningen av denna tro möter endast i de former som historien medger.

Betydelsen av Evangeliets historiska bundenhet blir tydlig först när vi reflekterar över alternativet. Livsmening, som den kristna tron ser i Jesus från Nasaret som människa, är ett liv som möter oss i en konkret värld och som ett liv mellan krubban och korset. Alternativet är det idealiserade livet, där den konkreta historiska världen enbart skulle vara en fördunkling av livets mening. Om livets mening skulle vara bundet till det ideala, då vore våra konkreta mänskliga liv inte berörda av frälsningen. Detta är ett genomgående tema i den tidiga kyrkans teologiska diskussioner. Kristendomen bröt med den hellenistiska idealismen genom att hålla fast vid skapelsetron och Guds verklighet som oskiljaktigt förbundna med det konkreta, mänskliga livet.

När kristendomen under de första århundradena spreds som en ny livsförståelse i hela det romerska imperiet, uppstod ofrånkomligen behovet att intellektuellt och begreppsligt göra reda för vad tron betyder. På så sätt kom kristendomen att gestaltas med hjälp av begrepp, distinktioner och problem som inte annars hade funnits i den hebreiska världens livsförståelse. Kristendomen formades av det som inte ens fanns i Jesu egen kulturella och filosofiska kontext.

I denna sammansmältning av semitiskt, hellenistiskt och romerskt växer den hybridisering som format kristendomen. Utan denna historiskt betingade gestaltning hade kristendomen inte sett ut som den gör. Det har funnits teologer som ser detta enbart som en distanserande hellenisering av Jesu enkla lära. En sådan uppfattning förefaller emellertid snarare vara att inte ta inkarnationen och evangeliets historiska bundenhet på allvar. Hybridiseringen är inte en beklaglig fördunkling utan istället en ofrånkomlig aspekt av att den kristna tron handlar om den konkreta verkligheten, den som är den enda Gud gett oss.

Friheten formas bara i rädslans värld

Den polskengelske sociologen **Zygmunt Bauman** (f. 1925) har behandlat ett fenomen som han kallar *liquid fear*, flytande rädsla. Det är denna till livet hörande och ofrånkomliga rädsla som existensfilosoferna kallar *ångest*. Utgångspunkten är en insikt om att inte bara vår aktuella situation, utan även tillvaron i alla tider, kännetecknas av att vara ett flytande liv. Det karakteristiska i detta tycks ha stegrats när den verklighet som möter oss är framställd som ett så kallat globalt system och närvarande i mediala presentationer. På så sätt framstår alla de fasta hållpunkterna som flytande.

Upplysningstidens och förra seklets utvecklingsoptimism lever idag sida vid sida med en obestämd, flytande rädsla just därför att, som Bauman skriver: "Ett helt liv är numera en lång kamp, som troligen aldrig kan vinnas, mot farhågornas förlamande grepp och mot de äkta eller förmenta faror som gör oss rädda". Många slag kan vinnas i den kampen men inte kriget. Rädslan lamslår just därför att rädslans grund är det mörker om vilket ingen kunskap kan vinnas. Därför är döden – inte döendet men döden – den mest pregnanta formen av den ovisshet, som rädslan växer ur. "Ingen mänsklig erfarenhet, hur rik den än är, ger en antydan om hur det känns när ingenting kommer att hända och ingenting mer finns att göra."

Döden kan inte mötas med erfarenhetens kunskap. Därför är rädslan för döden det mest genuina uttrycket för att rädslan är en reaktion på vår bristande förmåga att hantera och manipulera verkligheten. Samtidigt lever vi i en kultur, ännu präglad och delvis tröstad av modernitetens tilltro till att vi kan få kunskap nog att undanröja de faror som vi vet hotar. Vet vi att de hotar, vet vi också hur de skulle kunna bemästras och undanröjas. Men ironin i livet är att vi numera också vet att de globala och existentiella hot, som inramar livet, väsentligen är resultat av människans förmåga att manipulera tillvaron. Hoten är därför sådana att ingen har kontrollen, ingen kan styra, ingen kan förmås undanröja hotet. De flesta kulturer i mänsklighetens historia har hållit vid medvetande insikten om att vår kunskap och kontroll är begränsad. Uppmaningen att minnas sin dödlighet handlar om att inse sitt beroende och inse att det finns, bokstavligt talat, livsavgörande fenomen, som vi inte kontrollerar, trots att vi vet om dem. När denna insikt sviktar återstår endast hotet och vår försvarslöshet, som skapar den rädsla Bauman skriver om.

Rädslan är flytande och individen oförmögen att hantera den, därför att hotet och farorna är flytande och omöjliga att hantera. Flytande rädsla kan inte undanröjas. Inte genom att hotet undanröjs, för det kan vi inte. Och inte heller genom att osynliggöra hotet med en föreställning om odödlighet eller genom att göra döden till något temporärt. Det "postmoderna" livet glider från den ena episoden till den andra. Hot, utmaningar och okunskap brukar vara temporärt begränsade och övergående. Men inte det hot livet själv bär på: döden.

Det hot som formar rädslan är i religionens språk och rit ofta framställt just som detta yttersta, mest oundvikliga och okontrollerade, döden. I det konkreta livets vardag är hotet alltid konkret, öppet för möjligheten att identifiera, kontrollera eller undanröja. Den avgörande hanteringen tycks därför vara en förpliktelse att hålla hoppet vid liv. Men hopp är aldrig hopp i största allmänhet. Hoppet växer i människans märkliga förmåga att kunna betrakta det som ännu inte är. Det handlar inte om hur det skall bli, men om det som just nu saknas. Hoppet är inte flykten in i framtiden men däremot förankringen i den verklighet, som just nu präglas av hunger, saknad, längtan. När kristendomen därför i förkunnelse och gemenskap ska gestalta sitt avgörande hopp måste det formas med hjälp av det konkreta livets grundfenomen. Det kristna hoppet inför döden är därför förankrat i Jesu konkreta död på korset. Där delar vi livet med Gud själv. Kanske är det därför som ett av de vanligast förekommande hälsningsorden från Jesus i Nya testamentet är "Var inte rädda!". Den kristna tron, liksom andra världsreligioner, har uppehållet en medvetenhet om döden som möjlig att "leva i" också utan erfarenhet eller kontrollförmåga. I döden delar vi livet med Gud själv. På så sätt har rädslan och övergivenheten hållits stången.

Kristendomens grundformer är, med anledning av inkarnationen, det konkreta livets växlingsrika livsnödvändighet, varje ny dags dagliga bröd och vin. Närvaron av livets mening formas i kristen tradition i en sammansmältning. Guds ords konkreta människoblivande i Jesu liv mellan Maria och Pilatus smälter samman med hans närvaro i, med och under bröd och vin i ömsesidighetens måltid. Kristen tro lever, både med avseende på sitt centrum i Jesus från Nasaret och i hans närvaro nu, i sakrament och förkunnelse. Kristen tro är helt beroende av den konkreta historiskt bundna verkligheten, i vilken var och en av oss får sitt liv. Kristendom finns inte i någon form befriad från denna sammansmältning med historiska fenomen.

Kulturer och religiösa traditioner är allas och ingens

Kristen tro finns aldrig frikopplad från kulturella fenomen, livsavgörande traditioner och händelser. Kanske är denna hybridiserings ofrånkomlighet en nödvändig förutsättning för att göra kristen tro möjlig i hela världen. Hos Paulus formas denna förutsättning i hans resonemang kring omskärelsen: Är det möjligt att höra till det Guds folk som Abrahams, Isaks och Jakobs Gud, Jesu Kristi Gud och fader, har upprättat, utan att bejaka tillhörigheten genom anpassning just till Abrahams och hans barns yttre kulturella och religiösa observans? Jesus själv hade ju respekterat denna observans!

36

När Paulus bryter med kravet på omskärelse för ickejudar, då händer något avgörande med den kristna trons självförståelse. Den kristna tron lever av vad Gud valt att göra när Gud blev människa i historiskt och kulturellt bunden gestalt. Varje människa är kulturellt och historiskt bunden till sitt liv, omskuret eller oomskuret, jude eller grek, slav eller fri. Med inkarnationen har Gud nu valt att göra dem alla till ett folk, med alla sina historiska och kulturella egenheter, greken såväl som juden, europén såväl som afrikanen, indiern såväl som kinesen … Den kristna tron har därmed kommit att befrias från en särartad religiös observans och istället kommit att förenas med livets många särartade kulturer.

Denna ofrånkomliga sammansmältning med de många olika kulturerna gör att det jag kallat hybridisering blir en egenhet nödvändigt förbunden med kristen tro: kristen tro finns enbart i hybridiseringens gestalt. Kristen tro finns inte någonstans befriad från det konkreta liv, den kultur och den historia, som är allas och ingens.

Diskursivitet
– inte bara ett bidrag i offentlighetens samtal

Ordet, språket, intar i både hebreisk och kristen livsförståelse en oavvisligt central plats. Tron kommer av hörandet och hörandet av Guds ord (Rom. 1:17). Det finns en risk att detta förvandlas till en orsakskedja, som en mekanisk förmedling och textutläggning, som information om vad som står i texten. I luthersk tradition uppfattas detta annorlunda. Tron är tilliten till det skeende, som hörandet, predikan, tilltalet utgör. Detta att bli tilltalad "hör" till det för mänskligt liv konstitutiva. Ingen människa kan leva utan att bli tilltalad. Först i denna tilltalets relation är man människa. Först i denna relationalitet finns förutsättning för tillit, det som kyrkan kallar tro. Denna "tilltalandets funktion" i predikan är ett uttryck för Guds Ord som ett rop. Luther påminner om att Guds ord inte är en skrift, utan ett rop, som ljuder i hela världen om att Gud gjort människan och möter henne i det liv vi lever som Guds skapade och rättfärdiggjorda människor. När människan av

37

outgrundlig anledning litar på detta livgivande frimodighetens tilltal, då finns det som kallas tro. Den tron kan, just för att den har sin förutsättning i tillvarons, med skapelsen givna, språklighet, utan vår kontroll eller möjlighet att manipulera sägas bli frambringad – inte av predikanten men av den helige Ande. Tron kommer av det vi hör, och det vi hör kommer av Guds ord.

Scriptura et viva vox

Teologin har en viktig distinktion mellan *scriptura* och *viva vox* det vill säga skillnaden mellan skrift, text, och den levande rösten, talet. Läsning innebär ju ett möte mellan läsare och text. Texten liksom läsaren har i detta möte med sig ett sammanhang, en "repertoar" som möjliggör tillägnelsen och den vidgade förståelse som uppstår vid detta möte. Behovet av eller förekomsten av en "repertoar" är inte minst i religiösa och kulturella sammanhang avgörande för förståelsen. Text, myt och religiösa berättelser utgör en uppsättning språkliga fenomen, en kultur, med vars hjälp man kan fånga en bit verklighet och se det man annars inte skulle ha språk för och inte annars skulle kunna hantera eller ge sammanhang.

Distinktionen mellan *scriptura* och *viva vox* svarar till en dubbel sida av den mänskliga kommunikationen. Utgångspunkten är den förförande likheten mellan text och tal. Men den teologiska distinktionen mellan text och tal kan med den franske språkvetaren **Paul Ricoeur** (1913–2005) formuleras i tesen att "text är inte tal". Hans poäng är att talet har en omedelbarhet och en talare. Det vill säga talet inbjuder till ett samtal. Det är meningsfullt att genom repliken motsäga eller få förklaring av talaren och tillsammans med talaren fördjupa förståelsen. En text däremot, kan man inte fråga, vilket man kan göra med den man samtalar. Texten är en död artefakt och den utgör ett tillbakablickande material som kan användas av läsaren för att läsa. Texten kan tolkas genom att läsaren lägger en innebörd i trycksvärtans tecken eller författarens formande av bokstäver och ord till meningar och mening. Texten kräver således en tolkning, utförd med hjälp av regler och metoder. Talet har ett annat och omedelbart anspråk på överensstämmelse med sanningen, en sanning som vilar på den ömsesidiga verklighet vi fångar i samtalet. Talet lever bara i den aktuella pågående ömsesidigheten.

Mycket har bearbetats kring insikten att det kan finnas en skillnad mellan en skriftlig eller muntlig kultur. Det handlar idag knappast om en skillnad mellan olika åtskilda kulturer. Visserligen finns det enklaver där människor saknar tillgång till texter och där kommunikationen väsentligen är muntlig. Det teologiskt betydelsefulla i distinktionen mellan text och tal handlar däremot om en olikhet i människans förståelse av det liv och sammanhang hon står i och som hennes liv är grundat i. Utgörs livets avgörande fundament av en text, som måste utläggas, som man rättar sig efter och anpassar sig till **eller** utgörs fundamentet av en ömsesidighet som man deltar i och tillsammans med andra lever i? Ser man denna skillnad kan man ana att en textcentrerad livsförståelse skiljer sig från en diskursiv, samtalandets livsförståelse.

Kristendomen växer fram i en judisk kultur. Skriftläsningen intar en central plats i synagogans gudstjänst och, vid sidan om Herrens måltid, också vid de kristna sammankomsterna. Det är ett intressant fenomen att de kristna texterna som vi möter i Nya testamentet tycks ha ett särskilt dominant inslag av – eller framställa sig själv som – deltagare i ett pågående samtal och argumenterande. Något har blivit sagt, men nu sägs något nytt, vissa menar si, men det förhåller sig istället så … Det är detta drag av pågående samtal, levande tal, diskursivitet, som är det speciella både i den judiska och kristna trons livsform. Läsaren av texten om Israels historia och Jesu liv utgör på så sätt en dialogpartner. Utan en sådan deltagande läsare blir texten enbart passerad information. Så är det i till exempel Platons dialoger. Läsaren får där via texten höra hur de insiktsfulla samtalar, men läsaren deltar inte själv.

Evangelierna, tydligast hos Matteus, har en berättelse om när lärjungarna uppmanar Jesus att lära dem att be. I den undervisningen visar sig flera drag i den kristna trons diskursivitet. Bön kan ibland beskrivas som hjärtats samtal med Gud, och två komponenter i uttrycket är viktiga: hjärtat och Gud. Hjärtats samtal är det språkliga fenomen som vi kan "by heart". Hjärtats samtal är nära förbundet med människans märkliga förmåga att också kunna tala med sig själv. Också i det samtalet är det viktigt vad man säger. Uttrycket samtal för lätt tanken vilse. Vi är så vana vid att samtal alltid är mellan två, och vi har så lätt för att fångas i föreställningen om samtalet som en överläggning mellan två parter. Guds relation till människan är inte det informerande samtalet. Guds ord talar inte om något för oss, Guds ord är ett skapande ord. Gud är tillvarons själva förutsättning – inte en del av den. Den avgörande poängen är tillvarons språklighet. Därför kommer tron av hörandet och hörandet kommer av Guds ord, det märkliga ord som låter döva höra ömsesidighetens och delaktighetens ord.

I evangeliets berättelse om hur Jesus undervisar om bönen Fader vår blir detta tydligt. Bönen är inte ett informerande samtal för att Gud ska veta vad vi behöver. Gud vet redan, livet är redan givet, livsmeningen redan given. Men, säger Jesus i berättelsen, när ni ber skall ni säga ... Inte säga till Gud utan säga till er själva, i er kammare. Så kommer Jesu undervisning om bönen. När ni ber skall ni *säga*: "Vår Fader, du som är i himlen...".

Det är en belysande egenhet att de stora bönerna i bibelns texter är språkliga beskrivningar av livets förutsättning, beskrivningar av Gud. Så är det i Marias lovsång, Simeons lovsång, och så är det i Psaltarens psalmer, och så är det i Fader vår. I alla dessa böner beskrivs Gudsrikets förutsättningar. Som ett språkligt fenomen fungerar bönerna som en påminnelse om att ömsesidighetens och samtalets språk, diskursiviteten, är livets förutsättning. Och som annat Guds ord så skapar de det som de nämner och låter Gudsriket komma till tals. Genom att dagligen *säga* "Vår Fader/Fader vår..." så ställs vi dagligen mitt i Gudsriket.

Kristen tradition som diskursivitet låter livet komma till tals

Luther påpekar om predikan att den inte är ett tal **om** syndernas förlåtelse. Predikan är syndernas förlåtelse. Han uttrycker här en grundläggande förståelse av det man kallar diskursivitet, samtalet. Det är själva ömsesidigheten, hörandet, som gestaltar det liv Gud ger och som Gud valt att förena sig med i inkarnationen. Därför blir det, för Luther i predikans tilltal och hörande som den ömsesidighet skapas som livet nu en gång är bestämt av och som den kristna tron tar emot i frimodighetens tillit. Detta kallar kristendomen tro. "Tron kommer av hörandet" det vill säga av det som i det givna livets ömsesidighet kommer till tals.

40

I förkunnelse och sakrament finns de rituella gestaltningarna av att livets diskursivitet inte beror på att vi människor har något att säga varandra. Det är istället den språkligt givna ömsesidigheten som föregår allt vårt språkande. Modersmålet eller det gemensamma givna språket utgör förutsättningen för samtalet. Det är denna fundamentala livsförutsättning som gör att liturgins tilltal i förkunnelse och sakrament rymmer ett anspråk på att vara Guds tilltal. Det liturgiska uttrycket "dina synder är dig förlåtna" eller predikans och textläsningens påstående att detta är Herrens ord handlar inte om att man ska lyda prästen. Det handlar om att man i riten möter det, som utgör tillvarons själva fundament, livets ofrånkomliga språklighet. Denna grundläggande tillit till att Gud i tilltalet förlåter synder och till Gud som gör sig närvarande i nattvardens bröd och vin genom sitt eget påstående om att "detta är min kropp, detta är mitt blod". Orden skulle bli utan innehåll om de inte uttalades inom ritens ramar. Det är riten, som en diskursiv praktik, som förflyttar språkets innehåll från att vara den enskilde predikantens inlägg till att vara ett med tillvaron givet skapande tilltal.

Den kristna tron är en tillit till att det är Gud som låter höra av sig i **förkunnelse** och **sakrament**. Därför att det förhåller sig så, blir kyrkans undervisning inte enbart en information om texter, tradition och kyrkans ordning. Kyrkans undervisning, hennes *didaskalia*, är att skapa former för det rituella tilltal som den enskilde kan lita till, som inte enbart ett inlägg i debatten men istället är en av Gud upprättad faktisk relation.

Kristendom och kyrka är inte bara en livsförståelse. Den lever i en konkret värld med makt och maktmissbruk, med ömsesidighetens tillit och informationens manipulation, med allmännelighetens inklusivitet och nätverkets gränsdragning. I teologins historia tycks en ofrånkomlig problemsfär ligga just i denna spänning. Den visar sig i Luthers kritik av det han kallar kyrkans babyloniska fångenskap. Det han syftar på är att evangelium, livsmodets och frimodighetens grund, har gjorts beroende av lojalitet med kyrkoinstitutionen. I sin kritik av kyrkoinstitutionens krav på lydnad vill Luther slå vakt om Gudsrikets öppenhet. En öppenhet som uttrycks av att Gudsriket möter oss i tilltalets ofrånkomlighet.

41

Också idag finns risken att begränsa Gudsriket och livsmeningen. Både i de evangelisk-lutherska kyrkorna och i den romersk katolska kyrkan hanteras spänningen mellan pluraliteten i kristendomens gestaltningar och enhetens nödvändighet. Men all erfarenhet tycks visa att enhet inte skapas av centralmakt. Inte heller leder pluralitet alltid till mångfaldens rikedom. Centralmakt kan skapa uniformitet. Pluralitet kan skapa splittrande konkurrens. Kyrkans historia tycks vittna om en annan möjlighet. Just i diskursens, hybridiseringens och plasticitetens möjlighet att kunna gestalta samsyn i mångfalden har kyrkans tradition det som hennes *didaskalia* hållit levande: en livsförståelse i tillit till att allmännelighetens historicitet är tillvarons grundläggande sammanhållande förutsättning. Därför litar kyrkan på att det var när Gud sade som allt blev till, och det var gott. Kyrkan litar på att berättelsen, diskursen, om ett alldeles normalt folks historia med heroer och tölpar är Gudsfolkets historia. Litar på att en människas historia, hennes diskurs, från Maria till Pilatus är Guds historia. I sin *didaskalia* litar kyrkan på att berättelsen om den natt då Jesus blev förrådd gör honom närvarande, som människa av kött och blod också i vår gemenskap kring brutet bröd och delad kalk.

Texten är inte tal. Det material som undervisningen gör tillgängligt ska utgöra en repertoar med vars hjälp vi ska kunna samtala, för att uttrycka och bidra till förståelsen av verkligheten. Lika grundläggande som distinktionen mellan text och tal är, lika grundläggande är att text och tal betingar varandra. Kanske skulle man därför kunna säga att didaktikens och undervisningens uppgift är att möjliggöra bruket av kyrkans tradition i den egna livsförståelsens dialog.

Lärprocessen går att beskriva
och samtidigt inte

> Huru kommer det faktum, som vi kallar
> en världs- eller livsåskådning,
> empiriskt taget, till stånd?
> På denna fråga kan nog givas många svar ...
> Därför är det bäst att helt enkelt säga sin mening,
> den må vara filosofisk eller ofilosofisk.
> Man **lefver** sig till sin lifsåskådning!
> *J. A. Eklund*

alla tider har kyrkan och teologisk reflektion haft en medvetenhet om att det som kallas kyrkans undervisning måste ses i relation till två fenomen. Kristen tro går att beskriva, det vill säga kyrkan kan undervisa. Men den tro, som undervisningen ska ge stöd, uppfattas inte som ett resultat av undervisningen utan som ett resultat av den helige Ande. Denna erfarenhet stämmer väl överens med det som är pedagogers och religionsdidaktikers iakttagelse. Den samlade effekten av undervisning går inte att förutse. Inte de positiva effekterna, där eleven plötsligt får en aha-upplevelse som sitter för livet och ger en livsavgörande existensförståelse med livsmod och frimodighet. Ofta kan man inte heller förutse det som gör att ett barn får sår för livet i den så välplanerade och välvilliga pedagogiska process som skolan utgör.

Kunskap är makt

Francis Bacon hade i sin aforistiska formulering om "kunskap är makt" en befrielsens ambition. Det feodala samhällets statiska jordägande konservatism skulle genom utbildning brytas till förmån för samhällets utveckling. Kunskap kan ge makt att skapa teknik, manipulation och industriell förändring.

Denna förändringens kunskap, menade Bacon, ska genom utbildning läggas i människans händer. Bacons aforistiska formulering om att kunskap är makt kom att spela roll för vår uppfattning om skola, undervisning och kunskap. Därmed blir det också meningsfullt att fundera över att makt alltid är någons makt, som hänger samman med att kunskap alltid är någons kunskap. Därför måste vi aktivt avslöja risken att kunskapens makt fångas av abstrakta mål, förhastade generaliseringar eller det han kallar *idola*, avgudar, det vill säga vilseledande falska bilder. Inte minst hans val av en metafor från religionens värld gör det lätt att applicera hans enkla teori också på religionsundervisning. Bacon laborerar med fyra förrädiska idoler:

Idola tribus: stammens förförelse. Det handlar om det begränsade perspektivet, innegruppens och det moderna nätverkets förförande införståddhet. Nätets makt är att infånga men inte knyta samman. Makten ligger hos den som skapar nätet. Kunskapens makt är att bryta upp den förödande stammens nätverk och införståddhetens kritiklöshet. Kunskapens makt ska istället brukas till förmån för upprättelsens lojalitet. För kyrkan ligger det en risk att identifiera Gudsriket med den egna gruppens införståddhet, observans och framgång.

Idola specus: grottans, instängdhetens, fördomens och isoleringens försnävade bild. Kunskapens makt ligger i att bryta upp den förödande begränsningens förförelse till förmån för möjligheten att se ur den andres perspektiv. Kyrkan och den egna kyrkotraditionen rymmer risken att betrakta de andra som utanför. Kristen tro är istället en ständig påminnelse om kyrkans allmännelighet och att Guds befrielse omfattar skapelsen och människan, inte bara kyrkan och de kristna.

Idola fori: torget och marknadens förförelse. Det handlar om den för undervisningen och kunskapsproduktionen förödande föreställningen om efterfrågan och lönsamhet. Kunskapens makt är att bryta upp den förödande förförelse som ligger i anpassning till marknad och näringsliv, till förmån för insikten att torget också är vardagens och det levande livets mötesplats för den gemenskap som kan formulera vädjan till de andra om stöd i upprättelse och förändring. Också den kristna undervisningen riskerar att mäta sig själv med sin egen framgångs mått. Den kristna undervisningen har ofta brutit marknadstorgets lönsamhetsbild med att istället likna livet vid en åker där sädeskornets död är livets förutsättning.

Idola theatri: den uppskattade opportuna förställningens förförelse. Det moderna krishanteringsbehovet kan locka kyrkan till sådant som får uppskattning. Alternativet vore självklart omöjligt. Kunskapens makt är att synliggöra, uppvisa det som behöver synas för att inte glömmas och gömmas av opportunismens frestelse. Den kristna krishanteringens förutsättning ligger inte i trösten, men i den miljö, i den *didaskalia*, där sorg och förtvivlan kan delas. Den danske prästen och psykoterapeuten **Bent Falk** (f. 1943) har påpekat "att det finns mer hopp för mänskligheten till exempel i en mors otröstliga gråt över sitt döda barn, än det skulle finnas i den 'tröst' som kunde göra henne likgiltig över sin förlust".

Francis Bacons reflektioner över kunskapens makt är därför också en fruktbar hjälp i kyrkans och teologins reflektion kring undervisningen. Uppdraget är, liksom för Bacon, att låta människans hopp, längtan och saknad forma den förändring som skapar *regnum humanum*, ett mänskligt samhälle.

Kyrkans undervisning ger den enskilde inte bara kunskap, utan också makt. Det visar Luther, i sin förståelse av språkets och modersmålets roll, som gör att Guds ord kan bli ett språk i den enskildes hjärta. Det visar Francis Bacon genom att peka på hur det motstånd kan se ut som hindrar friheten genom att låta kunskapen styras av de begränsande avgudarna. Det finns därför anledning att fundera över vem kyrkans undervisning och lärprocess faktiskt gynnar.

Didaktik handlar om utbildningens kvalitet

Ämnesdidaktik inom teologi, humaniora och samhällsvetenskap har en särskild ställning. Dessa vetenskaper är bestämda av sin oupplösliga förbindelse med mänsklig gemenskap, kommunikation, historia och kritisk reflektion. På så sätt blir didaktiseringen en ofrånkomlig del av den vetenskapliga kvaliteten. Valet av till exempel historiska eller sociala perspektiv är en kärnfråga. Tolkning av religion, kultur, historia och sociala fenomen är en integrerad del av ämnenas kunskapsfält. Det är för de flesta ämnen en självklar insikt att kunskap alltid är någons kunskap.

Humanistiska och samhällsvetenskapliga val av material, teoretiskt perspektiv och metodisk bearbetning hänger nära samman med hur vägval och makt fungerar i samhället i övrigt. Den ämnesdidaktiska forskningen, med särskild hänsyn till den allmänna skolans behov, är inom en rad ämnesområden välutvecklad. Vetenskaperna har enligt universitetens Magna Charta ett ansvar att "förvalta, vidareföra och skapa kultur" och att ge redskap för människans hantering av sin omvärld. Detta gör att den humanistiska och samhällsvetenskapliga forskningen alltid måste bearbeta didaktikens huvudfrågor: vad, hur, för vem och varför?

De didaktiska aspekterna av teologi, humaniora och samhällsvetenskaperna utgör därför en förutsättning för dessa vetenskapers kvalitet. För att fortsatt upprätthålla hög kvalitet i såväl utbildningen som forskningen förutsätts därför att personella och materiella resurser säkerställs för didaktisk reflektion.

I de inledande två kapitlen har jag behandlat vad som menas med "att bedriva undervisning" i kyrkans sammanhang. Jag har försökt beskriva vad det är för ett fenomen som kyrkans undervisning bearbetar. Nu skall jag peka på några drag i den process som själva lärandet utgör. De didaktiska grundfrågorna måste nämligen besvaras, inte enbart utifrån stoffet utan även med hänsyn till den lärprocess, i vilken de är insatta. Den bestäms intressant nog inte av lärarens didaktiska val. Lärprocessen tycks tvärtom fungera lärande antingen vi vill det eller inte. Detta behöver förklaras.

Från individ/samhälle till systemteori

Med upplysningen formas en ny uppfattning om både människan och samhället. Människan uppfattas som en suverän individ vars frihet är primär i förhållande till samhället. Samhället och mänsklig gemenskap är resultat av kontrakt som sluts mellan fria suveräna individer. Den enskilda individens frihet är beroende av att hon inte binds av samhället. De grundläggande friheterna för den enskilda människan måste därför säkras mot både statens, kyrkans eller andra gemenskapers maktutövning.

Den enskilda människan är visserligen fri och suverän, men hon är också föränderlig. Människan utvecklas från barn till vuxen. Den tanken kom under 1700-talet att betyda oerhört mycket för utvecklingen av pedagogiska teorier. Man beskriver det ibland som upptäckten av barnet. Därmed kunde man ta hänsyn till barnets utvecklingsstadier, anpassa metodiken i undervisningen efter barnets förmåga och göra undervisningen mer effektiv.

Upplysningens uppfattning av frihet, samhälle och pedagogiskt arbete hade sina rotfästen i skolastiken. Via renässansen formar den en helt avgörande människo- och samhällsuppfattning, som vi ännu präglas av. Den föder en helt ny och avgörande distinktion för att beskriva hotet mot människans frihet. Det är distinktionen mellan individ och samhälle. Man menade att endast när denna avgörande gräns respekteras så skyddas individens frihet. Skolan och undervisningen, vad gäller religion och politisk uppfattning, måste därför utformas så att individen skyddas.

Föreställningen om detta skyddsbehov har sin bakgrund i tanken att undervisningen fyller individen med de erfarenheter som formar henne. Hon bokstavligt bildas av undervisningen. Dessa bildande, formande erfarenheter måste därför väljas av individen själv, alltså inte av stat eller kyrkoinstitution.

Sedan upplysningen har denna avgörande distinktion mellan individen och samhället kommit att prägla undervisningen både metodiskt, innehållsligt och organisatoriskt. Inom religionsundervisningen har man utifrån denna distinktion ibland beskrivet lärprocessen som att lära *av* och lära *om* religion. I båda fallen med betoning av gränsen mot att *undervisa i* religion. De tre alternativen representerar den upplysningsfilosofiska människosynens och samhällsteorins komponenter. En individ kan göra erfarenheter och därmed lära något *av* sin religiösa omgivning. Men det är individens suveränitet som måste skyddas.

Den allmänna skolan har sin grund i en skolplikt. Genom deklarationen om de mänskliga rättigheterna ska samhället garantera att den mänskliga individen, barnet, får sin rätt till sådan kunskap som möjliggör hennes frihet och val i livet. Den obligatoriska skolan ska därför presentera den faktiskt föreliggande religionen, som något eleven ska lära sig något *om*, och på så sätt få möjlighet att lära *av*. Undervisning *i* religion omfattas inte av skolplikten. Undervisning *i* religion är istället resultat av individens eller familjens frihet och fria val att ingå i en religiös tradition eller gemenskap.

Distinktionen mellan individ och samhälle är inte enbart en distinktion vilken som helst. Den handlar inte om två perspektiv eller om två likvärdiga fenomen. Den handlar, också med avseende på religionsundervisningen, om människosyn och om förståelse av innebörden i de mänskliga rättigheterna. Det är individen som utgör det grundläggande fundament som samhället ska skydda i kraft av att vi som individer har en oavvislig rätt till skydd. Häri ligger orsaken till att religionsundervisningen i den allmänna obligatoriska skolan såsom till exempel i Frankrike kan uppfattas som ett övergrepp och alltså ska förhindras. Istället ska, menar man, religionsundervisningen utövas i regi av det samfund som eleven eller hennes föräldrar beslutat sig för.

Undervisning som imperativ

I upplysningens pedagogik är undervisningens motstånd bristen på kunskap. Kyrkans undervisning handlar emellertid inte om bristande kunskap. Kyrkans undervisning har ett annat motstånd. Det som ska avhjälpas är här missmod och utanförskap. När Luther formulerar tesen att den kristne är den friaste av alla och ingen underdånig och samtidigt allas tjänare så formulerar han den dubbelhet som kyrkans undervisning ska göra tydlig. Det är frimodighetens och frihetens grund i den livsmening som redan är given, och det är den saklighet i engagemanget och det dagliga arbetet som ligger i den behövande nästans sakliga behov. Undervisningen får härmed två uppgifter, två syften med lärprocessen. Undervisningen i den allmänna skolan och i folkbildningen ska ge individen kunskaper. Undervisningen i kyrkan ska ge livsmod och respekt för saklighet. Båda dessa syften vilar på ett givet imperativ, båda måste fullgöras för livets skull.

Lärprocess oberoende av vårt syfte

Kyrkans undervisning är inte bara ett ansvar för att bygga kyrka eller hålla den teologiska kunskapen vid liv. Folkbildningen på detta område kan man förvisso förvänta att kyrkans undervisning tar på särskilt allvar. Men kyrkans undervisning handlar också om något annat att ge röst åt livsmodets livsförståelse.

All undervisning är en uppgift som måste planeras och som kräver kunskap. Men, som jag påpekat, så är kyrkans *didaskalia* inte enbart undervisning i lektionens form. Det handlar om en lärprocess där vi så att säga lär oss genom att vår omgivning nu är som den är. Den sociala praktiken formar vårt tänkande.

Den svenske pedagogen **Roger Säljö** (f. 1948) har i anslutning till den ryske socialpsykologen **Lev Vygotsky** (1896–1934) bearbetat och utvecklat teorier för att belysa lärandet, som en sociokulturell process. Den sociala och kulturella inramningen av vår vardag formar vår verklighetsorientering. Lärandet och undervisningen är därför något som sker, vare sig vi vill det eller ej. Men den riskerar att bli styrd av makter som döljs. När Francis Bacon synliggör de förföriska *idola* och fördunklingens makter handlar det om det, som särskilt hotar den undervisning, som syftar till människans befrielse. Bacons *idola* utgör hinder för det imperativ som motiverar all organisering av undervisning från upplysningen och framåt. Han aktualiserar en insikt om att lärandet inte bara bestäms av det som utbildningsplaneringen vill. Lärprocessen formas av komplexa, oberäkneliga sociokulturella processer. Den makt som kunskapen ger människan möter den makt som de olika *idola* besitter och som utgör ett hinder för lärandet.

En undervisning som ska ta det didaktiskt hermeneutiska imperativet på allvar måste därför göra sig medveten om lärprocessen, genom att se den med hjälp av två teorier: teorin om den diskursiva praktiken, och teorin om det kritiska tänkandets nödvändighet.

Diskursiv praktik

Den tidigaste kyrkan utgjorde en gemenskap som både formades av, och formade, den kristna livsförståelsen. Från början stod det klart att livets mest avgörande fenomen – rättfärdiggörelsen, frälsningen, tillhörigheten till Gudsriket – bestäms av det som omotiverat är givet till oss. Livet bestäms inte av att vi fått kunskap om eller anpassat oss till något, utan av det faktum att livet nu en gång är sådant som det visat sig i Guds människoblivande i Jesus. Därefter uppfattade den kristna gemenskapen sig som en av livsmening berörande gemenskap. Själva församlingens liv kom att utgöra det som formade livet.

Det levda livet blev gestaltningen av den gemenskap i vilken "lärandet" ägde rum. Det förefaller tydligt att kyrkans undervisning därmed fick sin bestämning inte så mycket av det som explicit lärdes ut i undervisningen, utan snarare av det som implicit formade församlingens liv. Det är detta fenomen, som i undervisning och i teorier om socialisation kan beskrivas som en *diskursiv praktik*.

Diskursiv praktik är ett uttryck som beskriver två samverkande fenomen i lärprocessen. Det handlar om en diskurs, alltså ett fenomen i vilket något kommer till tals med allt vad det betyder av ömsesidighet och påverkan. Lärprocessen är därtill en praktik. Något sker. Uttrycket diskursiv praktik vill peka på att diskursen aldrig enbart är något som kommer till tals, utan alltid också en påtaglig faktisk handling, som ändrar, förändrar och åstadkommer en social verklighet. Samtidigt är praktiken inte enbart något som blir gjort under någon timme när undervisningen äger rum. Praktik är också en handling som organiserar och därtill en handling i vilken de grundläggande orienterande värdena formas, konstrueras och rekonstrueras. Något kommer alltså till tals i den sociala verksamhet som mänskligt liv ofrånkomligen är. Det som kommer till tals i den undervisande lärprocessen utgör samtidigt en praktik, i vilken livets konstrueras och konsolideras.

Denna form av social interaktion, där den gemensamma sociala ömsesidigheten i samtal och i samverkan skapar förståelse, tycks vara en bred och allmänt accepterad förförståelse av vad som inramar och utgör förutsättning för undervisning och lärprocesser. Denna samordning, samverkan mellan diskurs och praktik där de ömsesidigt flätas samman och formar varandra, utgör även förutsättning för den lärprocess i vilken en livsförståelse formas. Det finns en lång rad teoretiker som uppmärksammat och på olika sätt bearbetat detta fenomen.

Några av de tidigaste moderna teoretikerna kring det jag här kallar diskursiv praktik är den amerikanske socialfilosofen **George Herbert Mead** (1863–1931) och den ryske socialpsykologen **Lev Vygotsky**. I denna teoretiska tradition utvecklas en rad modeller, begrepp och strukturer för att beskriva förutsättningarna för lärprocessen. Ofta har man stannat inför – eller begränsat studiet till – den språkliga delen av undervisningen. När de olika individerna i skolan samtalar med varandra så växer nya insikter, lärprocessen är igång. Eller så har man i första hand uppmärksammat den praktik som skolan eller undervisningen utgör. Fokus har hamnat i undervisningens metod, i disponering av lärostoffet på ett för materialet och elevernas förutsättningar lämpligt sätt.

I båda fallen studeras delar av lärprocessen, delar utan vilka det förmodligen inte skulle finnas något lärande. Kombinerar man den sociala interaktionen med en teori om språkets roll för förståelse och en teori om att något även i praktiken kommer till tals, som de inblandade individerna inte själva haft för avsikt att uttrycka, så kan denna nya teori belysa det jag här kallar den diskursiva praktiken. Det betyder att med det sagda sker något, det vill säga det sagda är en praktik. Och i det som sker, i praktiken, kommer något till tals oberoende av de inblandades avsikter. Den tyske socialteoretikern **Hans Joas** (f. 1948) har, inspirerad av G. H. Mead, belyst hur religion och värdegrund formas i en sådan social och kulturell interaktion. Med likartade teorier har **Aleida Assmann** (f. 1947) med teologisk relevans analyserat den socialkulturella konstruktionen av tradition och värde.

Skolan som diskursiv praktik

Förståelse för och bearbetning av lärprocessen som en diskursiv praktik har bearbetats av den svenska religionsdidaktikern **Christina Osbeck** (f. 1969). Hon har undersökt och visat hur lärprocessen ser ut och hur den fungerar. Skolan är en diskursiv praktik, det vill säga en lärandeprocess som äger rum alldeles oavsett om vi vill det eller inte. I den lärprocessen kommer därför elevernas livsförståelse att få sin form och sitt innehåll antingen vi vill det eller inte. Skolan som en lärande diskursiv praktik formar och konsoliderar elevernas livsförståelse. Skolan utgör, skrämmande tydligt, en effektiv samhällelig sociokulturell aktivitet, som med kränkningen som inlärningsverktyg formar och konsoliderar samhällets dominerande livsförståelse hos eleverna.

Barn och elever gör inte som läraren säger, men gör som samhället gör. Lärandet tycks ske genom en närmast ofrånkomlig anpassning till det sammanhang vi ingår i. Detta gäller i synnerhet hur vi lär oss grundläggande värden eller sociala mönster. Vi beskriver det ibland med uttryck som visar att det är en utifrån kommande tvingande makt. Vi blir berörda eller fångas, vi präglas, vi måste passa in, vi måste veta vår plats osv. Alla uttrycken pekar på att vi lär livsförståelse, inte därför att skolan har det målet, utan därför att lärandet går till på det sättet. Under senare delen av 1900-talet utvecklades en rad olika teorier för att på olika sätt beskriva en dubbelhet i den sociala process som lärprocessen är.

Maktens anonymitet

Den makt som ordnar samhällen, som formar resursanvändningen, inriktningar och satsningar inom produktion, avgör vilka idéer och initiativ som vinner anklang och så vidare – all sådan makt tycks vara ingens. Det är inte lagstiftning, inte parlament, inte traditionens institutioner eller något annat av alla de organ eller personer som vi av slentrian eller genom ideologisk mytbildning hoppas eller tror har makten.

Efterkrigstidens socialteorier försöker belysa ett näst intill klassiskt fenomen. Maktens oberäknelighet tycks nästan alltid framstå som personifierad likt den romerska mytologins gudar. Mars, Amor, Minerva; vem styr kriget, förälskelsen eller vishetens märkliga, påtagliga, okontrollerbara och osynliga irrvägar? Dessa gudars aktiviteter kan vi alla se, men ingen kan riktigt kontrollera dem. Till viss del kan vi ana, förutse och anpassa oss till dem, och på likartat sätt förhåller det sig med det som man ibland kallar Makten.

Man skulle kunna hänvisa till många socialfilosofer i den traditionen. Låt mig bara nämna den franske filosofen **Michel Foucault** (1926–84) som ett exempel. Han har i en rad studier beskrivit hur denna anonyma men mäktiga Makt "kommer till tals". Genom att uppfatta makten med hjälp av metaforen "komma till tals" så kan man göra den tydlig. Verklighet är inte bara ett resultat av maktutövning. Genom att se på maktens redskap medan den styr alltså medan den verkar i lärprocessen synliggörs den makt som styr samhälle, tänkande och den sociala praktiken. Makten styr genom det som kommer till tals, det vill säga den styr genom det som kommit att kallas "diskursen".

Termen diskurs rymmer just den dubbelhet som det handlar om. Diskursen är termen för samtalet. Diskursen är också beteckning på den löpare som irrar lite fram och tillbaka, hit och dit för att orientera sig och låta helheten "komma till tals". Samhällen kan alltså klarläggas genom att analyseras som diskurser, man gör en diskursanalys.

Den andra teoretiska insikten, utöver att den styrande makten kan synliggöras, är att människan har ett ansvar att avslöja maktens mystifiering. Detta ansvar kan sägas forma socialteorierna under andra hälften av 1900-talet och kan exemplifieras med den franske socialfilosofen **Pierre Bourdieu** (1930–2002). Han är en av de många, som insett att den makt som skapar samhälleliga och kulturella hier-arkiseringar och social stratifiering, den makten påverkar därigenom också människors värde-preferenser. Men vore den osynliga makten den enda strukturerande och formande kraften skulle människan inte kunna tänka vidare. Det skulle inte vara möjligt, och därmed inte heller meningsfullt, att ens försöka ändra samhällen. Protesten mot maktens förtryck skulle vara omöjlig. Därför har, bland andra, Bourdieu reflekterat över den intressanta förmåga som ligger i det mänskliga livets och den mänskliga kulturens möjlighet att söka nya vägar, att se ett alternativ till den anonymiserade maktens maktutövning.

Man förstår där man står

Den livsförståelse som formats eller konsoliderats i den diskursiva praktik som vi ingår i präglar vår grundläggande hållning. Men vi har som människor en egenhet, en kompetens, som ligger i förmågan att reflektera, att se alternativet. Det vi i aha-upplevelsen eller den egna reflektionen fått syn på, det som i vår reflektion kommit till tals, är inte enbart ett subjektivt inlägg i samtalet. Istället uppfattar vi det som så fundamentalt avgörande för vår verklighetsförståelse, att utan den reflekterande insikten skulle vårt liv inte vara vårt eget. Utan den på detta sätt funna förståelsen av livets sammanhang skulle vi inte längre känna igen oss själva, kanske rent av inte längre vara oss själva. I luthersk tradition har det formulerats i Luthers berömda ord "här står jag och kan inget annat". Visst kunde han annat, men då hade han inte varit den han i sin existens då var, formad av sin insikt och av sin livsförståelse.

Förmågan att reflektera, att pröva alternativ, att se det som ännu saknas, utgör vetandets och vetenskapens grundförutsättning. Många socialfilosofer förlägger denna grundläggande förutsättning just i det som är diskursens förutsättning, nämligen det mänskliga språket. Det är språket som gör alternativen synliga eller låter dem komma till tals. Samhällsförändring kommer till tals när den hungrige formulerar sin hunger, längtan och sitt hopp. Denna reflekterande kritiska förmåga, grundad i den mänskliga artens förmåga att låta alternativen komma till tals, utgör förutsättning för människans möjlighet att bygga samhällen och skapa kultur.

Dessa socialteorier om den diskursiva praktiken och dess sammanflätning med makten och språket utgör inte enbart fruktbara sociologiska eller socialpsykologiska teorier för att beskriva den allmänna lärprocessen som en socialisationsprocess. Teorierna är också teologiskt relevanta. De handlar om avgörande fenomen i kyrkans *didaskalia*, nämligen lärprocessens dubbelhet. Den är både möjlig att beskriva och samtidigt oberäknelig, som den helige Ande. Teorierna belyser den transcendens som kyrkans *didaskalia* låter komma till tals med ett språk som formas i kyrkan som hennes diskursiva praktik.

I praktiken kommer något till tals

Kyrkan utgör med sin förkunnelse och sakramentsutdelande en diskursiv praktik. Något kommer till tals. Det för teologin fruktbara i att se förkunnelse och sakrament som kyrkans diskursiva praktik är att dessa fenomen i ett avseende är handlingar som ofrånkomligen hör med till livet. Mänskligt liv är tilltal och delad måltid. Denna kombination av ofrånkomliga mänskliga handlingar och dessa som bärare av livets mening gör dem till avgörande delar i det som kallas kyrkans undervisning. De utgör just som diskursiv praktik handlingar i vilka något kommer till tals. I kyrkans *didaskalia*, i hennes lärprocess centrum, ska livets mening komma till tals.

54

Häri ligger anledningen till att det inte går att isolera kyrkans undervisning från kyrkan som en diskursiv praktik i gudstjänst, diakoni och mission.

Det finns i undervisning ett moment av kunskapsförmedling. När vi försöker beskriva detta så använder vi två uttryck: kunskapsförmedling och elev. Men det intressanta är att vi på så sätt binder samman två delvis olika föreställningar. Den ena utgår ifrån att kunskap är något som läraren besitter och ger till eleven, som ännu saknar denna kunskap. Uttrycket elev säger något annat. Däri uttrycks en föreställning om att någon är elev och alltså i undervisningen eleveras, det vill säga upphöjs till den nivå eller det våningsplan som läraren befinner sig på. Det betyder i båda fallen att lärprocessen begränsas till mekanisk förflyttning, från sändare till mottagare eller från en nivå till en annan.

Detta har för de flesta pedagoger inneburit att man när man vill beskriva lärprocessen talar om lärandet som en förändringsprocess. Men livsförståelsens lärprocess utgör ett skeende alldeles oavsett om läraren eller eleven vill det eller inte. Något kommer till tals som formar livsförståelsen hos de inblandade. Lärprocessens syfte är att bidra till en förändring av förståelsen. Istället för att beskriva den förändringen i termer av mekanisk förflyttning så talar man hellre om lärprocessen som en diskursiv praktik där förståelsen skapas och konsolideras.

Förståelse kan innebära att kunskap överförs från en person till en annan. Men eftersom det istället handlar om en förändring och inte en överföring innebär detta att vi måste beskriva förståelse som en relation mellan två tillstånd. Lärprocessen förändrar min förståelse. I båda fallen finns ett behov av talet två. I alla kulturer och religioner och genom hela kyrkans historia utgör detta tvåtal ett centralt problemområde. Redan en uppräkning av några uttryck för livets och verklighetens "tvåtal" visar på komplexiteten i fenomenet: dialog, diabolos, diagnos, dialektik, dualism... Det visar att två kan förhålla sig till varandra i samspel eller i motsättning, antingen antagonistiskt, varandra uteslutande eller dialektiskt, varandra berikande. Detta i lärprocessen ofrånkomliga tvåtal, oavsett om det handlar om kunskapsöverföring eller förståelseförändring, är teologiskt relevant. Jag ska här därför antyda ett andra teorikomplex, vid sidan om teorin om lärprocessen som en diskursiv praktik.

Kyrkans lärprocess har inte sitt primära motstånd i hinder för kunskapsöverföring, utan i hindret för förändring från missmod till frimodighet. I kyrkans *didaskalia* handlar det därför mer om ett dialektiskt tvåtal och mindre om ett dualistiskt tvåtal. Vi har därför anledning att stanna inför ett andra teorikomplex, det som kan betecknas som kritisk teori.

Kritisk teori

Ett nödvändigt inslag i den vetenskapliga reflektionen är det som vi brukar kalla ett kritiskt förhållningssätt. Uttrycket kan missuppfattas så att det vetenskapliga förhållningssättet begränsas till att finna fel, kritisera och avvisa. Ett sådant begränsat uppdrag är riskfyllt. Som teolog är min erfarenhet att denna form av nödvändigt vetenskapligt arbete är djävulens bästa redskap för att stoppa vetenskaplig produktion. I en akademikers öra behöver djävulen endast viska dessa två sanningar: det finns fler böcker att läsa, det finns fler aspekter att beakta. Dessa två sanningar är nog för att djävulen ska kunna stoppa allt avhandlingsskrivande och alla nyskapande och nyorienterande beslut.

Men ett kritiskt förhållningssätt är mer, och framför allt handlar det om att visa på alternativ och möjligheter. Teologiskt har ett kritiskt vetenskapligt förhållningssätt sin näring i längtan och hopp. Det är medvetenheten om ett hotande slaveri som i judisk och kristen tradition format längtan efter Messias, befriaren. Häri ligger en implicerad föreställning om att tillvaron kan vara annorlunda än den är. Men detta annorlunda är inte enbart något annat, som också kan finnas. Det handlar om en kritisk medvetenhet, en klarsyn i att vara där man är och att vara där i medvetenhet om att man där kan bygga gemenskap och samhälle. Kritisk medvetenhet är också en medvetenhet om att den livgivande gemenskapen aldrig är närvarande utan att vara hotad. Det är denna dubbelhet som utgör grunden för kritisk teori. Det är denna dubbelhet som formar föreställningen om Messias, och det är denna dubbelhet som i judisk tradition får sitt narrativa uttryck i tillkomsten av

Moseböckerna i samband med den så kallade babyloniska fångenskapen på 580-talet före vår tideräkning.

Babyloniska fångenskapen i bibelberättelsen
– diaspora är hemma

Mycket kan förmodligen tas bort ur den judiska föreställningsvärlden utan att judendomen skulle upphöra. Men utan Moseböckernas texter blir det ingen mening i uttrycket judendom. Den historien utgör därtill en ofrånkomlig förutsättning för avgörande drag i socialfilosofiska teori bildningar om möjligheten för ett mänskligt samhälle och en samhällelig människa. Sambandet mellan ömsesidighet, beroende och frihet, teologisk dialektik och kritisk teori får sin berättade gestaltning när det judiska folket av det babyloniska imperiets kejsare **Nebudkanesar** (630– 562 f.Kr) förs i fångenskap från Jerusalem till Babel. Mycket kan sägas om detta. Låt mig enbart antyda den dubbelhet som redan här, för mer än 2500 år sedan, formuleras och som ligger i den kritiska teorin. Den dubbelheten är förmodligen en orsak till att berättelsen är teologiskt relevant i förståelsen av lärprocessen och för kyrkans undervisning.

Under denna babyloniska fångenskap växer föreställningen om diaspora. Det är ett uttryck för att det judiska folket lever utspritt, alltså inte samlat i och kring Jerusalem med sitt tempel. Därför innebär livet i diaspora också en hemlängtan, längtan till Jerusalem. Just häri ligger spänningen. Vad är hemma och vad är diaspora? De kan inte tänkas utan varandra. Frågan är om de kan tänkas utan berättelserna om den babyloniska fångenskapen. **Abraham** är nämligen född i staden Ur, som ligger just där folket nu befinner sig utanför Babel. De är alltså i en mening nu hemma på "fädernegården". Men samtidigt är det just när de befinner sig där, i babylonisk fångenskap, som de upplever att de inte är **hemma** där de ska vara, nämligen *borta* i Kanaans land. *Diaspora* är den grekiska termen för utspridd. När Abraham av Gud själv uppmanades att bege sig bort är det välsignelsens diaspora. Men diaspora är också Guds straff. Folket ska spridas bland alla jordens folk om inte Israels barn håller sig till Abrahams och Israels barns förbund med befrielsens Gud.

Babyloniska fångenskapen hos Luther

Den bibliska berättelsen om den babyloniska fångenskapen är berättelsen om ett folk som är utkastat. De är på en annan plats än där de hör hemma. Denna bild, att befinna sig på fel ställe och vara i fångenskap, den använder Martin Luther när han ska diskutera krisen i kyrkan. Kyrkan delar ut sakramenten, men samtidigt riskerar kyrkan att föra människor och kyrkan bort från platsen där vi hör hemma.

Luthers användning av den dubbelhet som ligger i den babyloniska fångenskapen är ett exempel på en kritisk teori. Det han förhåller sig till är en, som det kan förefalla, självklar kyrklig ordning med ett antal gudstjänstformer, som på olika sätt är knutna till livet. Det är dop, nattvard, avlösning, konfirmation, vigsel, sjukas smörjelse och prästvigning. Bruket av dessa handlingar är ett uttryck för samhörighet med kyrkan. De utförs alltså där de tycks höra hemma. Men – och däri ligger poängen i hans reflektion – Luther ser det som fångenskapen i Babel gjorde tydligt. Det kan se ut som om man är där man hör hemma, men man är ändå på fel plats, i fångenskap.

De kyrkliga handlingarna, sakramenten, ska låta det viktigaste komma till tals. De ska vara kyrkans undervisning, hennes *didaskalia*, det vill säga evangeliet om att Gud har gett människan liv och salighet. Istället ser Luther att kyrkoledningen med biskopar och påve börjat använda de kyrkliga handlingarna som redskap för att utöva den kontrollerande makten. Sakramenten har berövats möjligheten att vara en diskursiv praktik, som låter Guds barmhärtighet och den givna livsmeningen komma till tals, människor till tröst och livsmod. Istället har de blivit redskap för kontroll och lojalitetsförklaring.

Den bibliska berättelsen om den dubbelhet, som ligger i att vara "hemma" och samtidigt "borta i fångenskap" ger en bild av en dubbelhet. Den kan användas för att ge röst åt ett alternativ i en för Luther aktuell situation och i en fråga som handlar om något helt annat än Israels barn i babylonisk fångenskap. Det man kallar kritisk teori innebär, liksom i Luthers kritik av rådande kyrkliga praxis, inte bara ett påpekande om att något är fel. Det handlar inte om att peka på fel. Det handlar om att peka på en konflikt och att därmed peka på något som gör det möjligt att se vad alternativet skulle kunna vara. Denna

fokusering på alternativet utgör själva värdet i den kritiska teorin. Det finns alltid alternativ, men det avgörande är om alternativet får någon betydelse för det som det hela handlar om. Handlar sakramenten om att dela ut livets mening eller om att visa lojalitet med kyrkan? Lever människan av nåd eller lever människan av sin trohet mot kyrkan? Ska kyrkan visa på det givna livet eller slå vakt om det valda livet?

Buber, Benjamin, Bloch, Adorno, Bauman ...

Som socialfilosofisk teori utvecklas uppenbarligen denna dialektiska tradition från den mosaiska livsförståelsens berättelse om babylonisk fångenskap och messiansk förväntan. Beteckningen *kritisk teori* används i synnerhet av en rad judiska sociologer och filosofer i mitten av 1900-talet. Dessa kom att i flera avseenden spela roll för den teologiska reflektionen. Deras teori har också teologisk relevans för att belysa den lärprocess i vilken kyrkans undervisning, hennes *didaskalia* äger rum. Lärprocessen i kyrkans undervisning rymmer ett implicit imperativ: att synliggöra just befrielsen. Men inte som en abstrakt befrielse, utan som en befrielse vars sociala riktning och existentiella förankring är knuten till ett konkret hot. Det handlar om konkret motstånd, såsom det visar sig i min nästas faktiska nöd och mitt livs faktiska missmod.

Dessa socialfilosofiska teorier, som jag sammanfattande kallar *kritisk teori*, har en teologisk relevans för kyrkans undervisning. Inte bara därför att de har några avgörande rottrådar i den judiska och kristna traditionen, utan därför att de pekar på avgörande fenomen i lärprocessen. Lärandet kan beskrivas som en förändring av någons förståelse. En sådan förändring är i kyrkans undervisning förbunden med ett ständigt pågående konkret motstånd. Inte motstånd mot lärandet – det sker i den diskursiva praktiken vare sig vi vill det eller ej – utan det handlar om ett motstånd mot upprättelse och frimodighet. Ska den teologiska reflektionen kring kyrkans undervisning bli en reflektion kring denna pågående kamp måste man, enligt min mening, ha en teori om lärprocessen. Man måste kunna beskriva lärandet som ofrånkomligt. Samtidigt måste man synliggöra den upprättande och livsmodsstärkande kampens ofrånkomlighet. Teorierna om diskursiv praktik, i kombination med en teori om alternativens möjlighet, kan möjliggöra en lärprocess, som ansvarigt förhåller sig till verkligheten.

Medvetenheten om maktens, förtryckets och missmodets förrädiska mekanismer måste göras synliga och kritiseras. Den kritiska teorin formades väsentligen av socialfilosoferna **Theodor W. Adorno** (1903– 1969) och **Max Horkheimer** (1895–1973). Men varför uppmärksamma allt hotande och negativt? Borde man inte nöja sig med att beskriva det ljusa i tillvaron? Nej, säger de:

> Lovsånger till solen är avgudadyrkan. Bara i den blick, som söker sig till det av dess strålar förbrända trädet, finns en aning om storheten i ett ljus, som inte samtidigt behövde förbränna den värld det bestrålar. (Horkheimer & Adorno, *Upplysningens dialektik*, 1996, s. 241).

Så möter vi igen Bacons varning för avgudarna, eller kanske är det Bibelns berättelse om att det i skapelsen finns ett ljus mer fundamentalt än Babels solgud, som bara är en lampa som befrielsens Gud, för vilans skull, släcker om kvällen. Ljuset i den kritiska blicken är den första veckodagens "Ljus, bli till", ljuset i barnets ögon i **H C Andersens** (1805– 1875) saga och ljuset i det hopp som lyser i eländets natt.

Undervisning är ett svar på det hermeneutisk-didaktiska imperativet i lärprocessen

Lärprocessen äger rum, vare sig vi vill det eller ej. Just därför måste kyrkans uppdrag "att bedriva undervisning" formas i medvetenhet om detta. Med teorin om diskursiv praktik kan vi få syn på vad som sker. Med en kritisk teori kan vi tydliggöra vad det handlar om. Verkligheten måste tolkas i sitt möte med löftet om den yttersta friheten och den yttersta bundenheten. Mitt livs avgörande värde är givet av barmhärtighet, och mitt livs arbetsuppgifter är givna av den behövande nästan.

Vad är det som förväntas av en kyrka som givits ansvar för "att bedriva undervisning"? Det krävs förmåga att skydda den lärprocess, den *didaskalia*, som ger oss livsmod och frimodighet. Det krävs en kompetens att hantera den ofrånkomliga tolkningen av traditionen och den aktuella situationen. Det krävs en kompetens att hantera de ofrånkomliga didaktiska problemen i en ofrånkomlig diskursiv praktik, som vi kallar *didaskalia*. När vi nu sett de två teorierna om diskursiv praktik och kritisk teori så kan vi också ge innehåll åt vad det betyder att kyrkans undervisning med hänsyn till lärprocessen förutsätter en hermeneutisk didaktisk kompetens. Detta skall jag nu belysa i nästa kapitel: Undervisning som hermeneutik, undervisning som didaktik.

Bedriva undervisning med en didaktisk hermeneutisk kompetens

Kyrkans *didaskalia* innebär en förpliktelse att ta ansvar för den lärprocess i vilken den kristna livsförståelsen formas och kan mötas med trygg tillit. Jag har nu i tre kapitel, kort och snabbt, gett en bild av några teologiska aspekter av kyrkans uppdrag: att bedriva undervisning. Det handlar om ett uppdrag som ofrånkomligen finns med sedan den tidigaste kyrkan, det handlar om en teori om vad religion och kristendom är, och det handlar om vad en lärprocess innebär. I detta sista, fjärde kapitel ska jag reflektera kring vilken kompetens som rimligen måste förutsättas för att uppdraget att be-driva undervisning ska kunna tas på allvar.

Att bedriva undervisning och arbeta teologiskt är att upprätta en ömsesidig kritisk relation mellan en tolkning av traditionen och en tolkning av den aktuella situationen. Kompetens för detta uppdrag innebär förtrogenhet med vad religion, kristendom och kyrkans tra-dition är för ett fenomen. Det betyder därtill en medvetenhet om vad en lärprocess är och hur den kan uppfattas, alldeles oavsett vad den låter komma till tals, oavsett om det är kyrkans eller den allmänna skolans.

Några gånger har jag berört att den teologiska reflektionen och den teologiska bearbetningen av kristendomen i undervisningen förutsätter en hermeneutisk didaktisk kompetens. I detta avslutande fjärde kapitel ska jag något ge innebörd i detta. Men jag ska inleda med att försöka aktualisera det som i den europeiska utbildningstraditionen har ansetts vara de mest grundläggande förmågorna för kunskap och lärande. Det handlar om språklig förmåga, historisk medvetenhet och vetenskapligt förhållningssätt. Dessa tre förmågor ansågs så ofrånkomligt nödvändiga att de fick ge namn åt den inledande perioden i skolan, trivialskolan. Uttrycket anspelar på den latinska beteckningen på de tre förmågorna, *trivium*. Denna trivialskolas grundläggande förmågor kan det finnas skäl att något fundera över. Det handlar nämligen också om det teologiska arbetets och undervisningens viktigaste kompetenser, med relevans för innebörden i kyrkans uppdrag att bedriva undervisning.

Trivium

Trivial betyder det alldagliga, det som svårligen kan undvikas i något sammanhang. Ordet hämtades etymologiskt från ordet för trevägskorset *tri-via* där allfarvägarna möts. Det handlade om de tre grundläggande kompetenser som ansågs utgöra förutsättning för lärandet i allmänhet och därför skulle tränas under de första årens undervisning. På så sätt blev de inledningen till elevens skolgång och kommande arbete för det gemensammas bästa. Dessa tre kompetenser var och tycks även nu vara: grammatik, retorik och dialektik. Dessa tekniska termer är värda en reflektion. De är teologiskt relevanta med betydelse för kyrkans uppdrag att bedriva undervisning. Dessa tre grundläggande triviala förmågor är knutna till kommunikationen, och som sådana kan de tyckas alltför "triviala" för att behöva uppmärksammas. Men just därför behöver de tränas.

Språklig kompetens (grammatik)

Något måste komma till tals för att man ska kunna beskriva det som att bedriva undervisning. Redan häri märker vi en egenhet i språklig kompetens. Inget skulle finnas av allt det som finns om inte i begynnelsen något blivit sagt – och det blev ljus. Språket är som inget annat fenomen grunden för den mänskliga kulturen. Förmodligen är insikten om detta en avgörande förutsättning för att de bibliska berättelserna, i både den judiska och kristna livsförståelsen uppfattats som grundpåståenden om tillvaron, livet, människan, djuren och all naturen.

Språket har denna märkliga makt att både påtagligt – som i löftet – och abstrakt – som i arkitektens bild av huset – skapa det som det nämner. Därför blir språket i den undervisande situationen också ett etiskt laddat fenomen. Den som bär ansvar för undervisningen har också förpliktelsen att reflektera över och uppöva sin förmåga att säga det han eller hon menar och är beredd att svara för.

63

Vardagsspråket lever däremot av införståddheten. Nära vänner kan klara sig länge med antydningar och införståddhetens förkortade uttryck, ljud och – tystnad. Men ska gemenskapen fördjupas, ska det som man talar om förtydligas eller nya sammanhang utvecklas, då krävs ett språk där det som sägs också är det som uppfattas. Ska språket inte bara bekräfta det redan föreliggande måste något nytt kunna bli sagt, som lyssnaren kan förhålla sig till.

I synnerhet i undervisningen spelar den språkliga kommunikationsförmågan en avgörande roll. Inte bara för att kunna säga det man vill ha sagt i undervisningen, utan också för att bistå den språkligt otränade genom att kunna erbjuda ett språk, träna nyanserna och redskapen, för att med språkets hjälp lyfta fram det komplicerade eller det den andre vill få sagt. Kanske är förmågan att ge språk åt livets tvetydigheter viktigare än att bekräfta det dunkla och osägbara. Språklig kompetens handlar därmed, i kyrkans undervisning, om att utveckla språk för att kommunicera det komplexa fenomen som livet nu en gång är.

För denna uppgift har kyrkan, till skillnad från de flesta andra gemenskaper, en överdådigt rik tradition med belysande begrepp, distinktioner och processer. Många av dessa kommunikativa fenomen är endast i överförd mening språk. Bilder, riter och religiösa artefakter får förvisso något sagt. Ska de också uppfattas och bli förstådda som uttryck för mänsklig erfarenhet så måste de sättas in i det kommunikationssystem vars uppbyggnad och översättbarhet motiverar att vi räknar dem till det grundläggande språk som i trivium kallades *grammatik*. Kyrkans språk kan aldrig, inte ens i meditationen, vara tystnad. I varje fall inte om vi litar på att Gud vill ha något sagt när det heter "Gud sade".

Historisk medvetenhet (retorik)

All undervisning måste ge ett sammanhang av alla de intryck och fakta, som livet rymmer. Vi har alla erfarenhet av att texter med rytm och rim är lättare att lära och komma ihåg. Hur en sak framställs i språket har betydelse för om vi litar på informationen eller inte. Detta har man vetat länge, och den grekiske filosofen Aristoteles, vars arbeten haft avgörande betydelse för den västerländska vetenskapens tankestrukturer, skrev en ännu användbar bok om hur det levande talet fungerar människor emellan. Boken heter helt enkelt *Retoriken,* talekonsten.

Boken handlar om vad det är som gör att vi litar på det som blir sagt. Vad är det för något i talet som skapar tillit och tilltro. Aristoteles pekar på betydelsen av frasering, pausering, upprepning och andra språkliga fenomen, som vi i det dagliga samtalet använder men sällan tänker på. När dessa väl har uppmärksammats kan alla inse deras betydelse. Aristoteles iakttagelser kring det som gör språket trovärdigt är så skarpsynta och välförankrade att de också kan användas av en talare för att göra det egna talet mer trovärdigt. Därför blev hans studie under senmedeltiden och renässansen inte bara en beskrivning av hur det fungerar när vi talar med varandra. Boken kunde också användas som lärobok i hur man bör tala för att övertyga. I utbildningen för advokater och präster, i träningen för den politiska makten och i affärslivet blev, då som nu, förmågan att manipulera med hjälp av språket viktig.

En viktig aspekt i den retoriska träningen var också att kunna berätta. Att framställa händelser och förlopp så att de bidrog till klarsyn och sammanhang. Berättandet och historia är beroende av vartannat. De historiska sammanhangen fungerar både som motivering till varför det är som det är och som synliggörande av hur det skulle kunna vara istället. Den konsoliderande makten och kraven på förändring är beroende av att historien framställs så att den blir trovärdig.

Retoriken som kunskap om det trovärdiga berättandet utgör därmed en avgörande kompetens i *didaskalia.* Vi såg tidigare att lärprocessen som en diskursiv praktik är maktens redskap. Undervisningen handlar om att kunna hantera de makter och värderingar som för oss skapar frimodighet eller missmod. Det handlar alltså om det som var trivialskolans uppgift. Det var inte bara konsten att kunna tala offentligt. I det ansvariga skolsystemet och i kyrkans undervisning handlar det om förmågan att se sammanhangen. Det handlar om konsten att se hur sammanhang byggs, hur makt utövas och hur verkligheten är manipulerbar. Också för kyrkans undervisning blir det därför viktigt att de som har ansvaret för "att bedriva undervisning" säkrar sin tillgång till de kompetenser som trivialskolan kallade *retorik.* Och därmed kan de utforma kyrkans undervisning så att denna kompetens att delta i tillitens samtal blir tillgänglig för alla.

Kritiskt förhållningssätt – att se alternativen (dialektik)

Den tredje kompetens som trivialskolan skulle träna kallas ibland *logik*, ibland *dialektik*. I båda fallen handlar det om en kompetens, som relateras till retorikens förmåga att ge sammanhang och att sammanhang kan bedömas. Som bekant kan vårt sätt att tala ibland göra att man motsäger sig själv. Inte minst kyrkans livsförståelse bygger på detta. Människan som samtidigt syndare och rättfärdig, Gud som allsmäktig kärlek och insikten om ondskans verklighet. Motsägelser betyder ofta att inget blir sagt, men det kan också, som den danske teologen **Jan Lindhardt** (1938-2014) påpekat, betyda att man kan få sagt dubbelt så mycket. Logiken och dialektiken betecknar en förmåga att tydliggöra **hur** fenomen hänger samman.

Logiken brukar uppmärksamma den logiska uppbyggnaden. Motsägelser och inkonsekvenser kan vara problem som man vill undvika. Logiken hjälper oss att upptäcka dem. Dialektiken har en liknande uppgift. Här gäller det däremot att se alternativen och tydliggöra den nödvändiga motsägelse som gör det möjligt att förbättra eller ändra förhållanden.

Kyrkans teologiska reflektion och kyrkans *didaskalia* har alltid varit klar över att tillvarons motsättningar kan vara uttryck för livgivande mångfald men också för livsavgörande val. Gemenskap kan vara de många lemmarna i kroppen, men det kan också vara valet mellan den heliga allmänneliga gemenskapen (katoliciteten) eller den inbördes slutenheten (heresin). Dialektiken handlar därmed i kyrkans undervisning inte om förmågan att diskutera i största allmänhet. Inte heller handlar det om att kunna formulera sin egen övertygelse, det hör till retoriken. Dialektiken handlar om en förmåga att se de avgörande vägvalen och deras konsekvenser.

I början av 1900-talet formades en teologi som kom att kallas *dialektisk teologi*. Den hade en av sina utgångspunkter i nödvändigheten av dialektisk kompetens för den teologiska förkunnelsens skull. Dialektiken är det som gör det möjligt att ta på allvar att varje ögonblick är platsen där Guds skapelse och rättfärdiggörande nåd träffar människan.

Det betyder att teologi och kyrkan utan dialektiskt tänkande riskerar att fastna i det redan passerade och på så sätt söka Guds livgivande tilltal, Guds skapelse och frälsning, kyrkans helighet och Kristi närvaro på ett annat ställe än där det visar sig som Guds idag. Utan dialektik riskerar förkunnelsen och kyrkans undervisning att mer handla om kyrkans igår än Guds idag. Men just dialektiken gör det möjligt att i undervisningen fruktbart förhålla sig till det som kyrkan av igår lämnat vidare till oss idag.

Teologiskt material

De tre "triviala" kompetenserna är kommunikationsförmåga, förmågan att ge sammanhang och förmågan att se alternativ. De hör till förutsättningarna för uppdraget att bedriva undervisning. De får, som jag har antytt, inom ramen för kyrkans undervisning en särskild innebörd. Till kyrkans undervisning hör ofrånkomligen det material som utgör kyrkans tradition. Är lärprocessen ett komplext socialt och kulturellt sammanhang, vari den kristna tron kommer till tals, förutsätter kyrkans *didaskalia* en medveten bearbetning av det i kyrkans historia tillgängliga teologiska materialet.

Det är vanligt att man beskriver detta material som tre olika men av varandra beroende inramningar av den teologiska reflektionen och den pågående lärprocessen. Det handlar om det som övertagits, det som brukar kallas *tradition*. Varje generation hittar inte själv på kristendomen. Men varje generation formar med sin erfarenhet hur traditionen tas emot och hur den används i liv och lärprocess. För varje generation och varje människa blir det överlämnade levande i kyrkans undervisning. Vi möter detta som evangeliets tilltal i det som kallas kyrkans *didaskalia*.

Det som på så sätt har övertagits utgör alltså det som kyrkan och teologin med en fackterm kallar *traditionen*. Det är i första hand **de bibliska berättelserna** och de riter och artefakter som vi känner som **sakramenten** och det är **bilden av Jesus som korsfäst**. Till denna överlämnade tradition hör även förståelsen av **församlingens uppgifter** och **ordningen att utse personer** med ansvar för dessa. Till traditionen hör även allt det material, som genom tiderna har fungerat som igenkännbara uttryck för det kristna livsmodets förutsättning och stöd.

Denna **igenkännande erfarenhet** brukar också räknas till det teologiska material, som reflektionen måste arbeta med.

I *didaskalia*, i kyrkans liv som lärprocess, är mötet med traditionen och även erfarenheten ett viktigt "material". Det är den mänskliga erfarenheten sådan som den formats i kyrkans historia och hos den enskilde. Tradition och erfarenhet formas i den aktuella situationen, de utgör avgörande källor för kyrkans självreflektion och i teologin.

När erfarenheten räknas som teologisk källa handlar det inte om erfarenhet i största allmänhet, den som alltid hör med till det mänskliga livet. En människa är formad av sin erfarenhet. Verkligheten får sin innebörd och livsförståelsen sin gestalt av de erfarenheter vi får. Vårt arbete formas av den erfarenhet vi bär med oss. Men den erfarenhet det handlar om i kyrkans *didaskalia* är erfarenheten av att grunden för frimodighet och livsmod är beroende av det som kyrkan känt igen i "Kristus och honom såsom korsfäst". Kyrkans undervisning ska göra närvarande det som kan ge språk och livsmod i den erfarenhet som annars, med Luthers formulering, "enbart är mörker och död".

Erfarenhet, tradition och den allmänneliga kyrkan hålls i den aktuella situationen samman i sitt samspel. I traditionen kommer detta sammanhållande särskilt till synes i sakramentsutdelandet och förkunnelsen. Varken sakrament eller förkunnelse kan frikopplas från relationen till erfarenheten hos den som mottar dem. Inte heller kan man tänka sig en kyrka utan det som traditionen gett oss av riter, texter och närvarogjort levande ord inom ritens form. I den evangelisk-lutherska bekännelsen formuleras detta som en helt grundläggande förutsättning för kyrkan. Kort formulerat i uttrycket att "för kyrkans sanna enhet är det nog att vara ense i evangeliets förkunnelse och sakramentens utdelande".

Kyrkans undervisning handlar om att närvarandegöra livsmodets förutsättning i en diskursiv praktik. Ska det vara möjligt måste tradition reflekteras med hjälp av de "triviala" kompetenser som jag antytt. Detta betyder att de som bär ansvar för "att bedriva undervisning" måste skapa förståelse och måste bearbeta kyrkans diskurs så, att den blir en tydliggörande undervisning. Detta ansvar innebär en hermeneutisk och didaktisk bearbetning. Därför kan man säga att kyrkans undervisning står under ett dubbelt krav: ett "hermeneutiskt didaktiskt imperativ", som förutsätter en hermeneutisk didaktisk kompetens.

Hermeneutik

Kyrkans undervisning har i alla tider varit ett hermeneutiskt uppdrag, ett uppdrag att tolka och att närvarandegöra. Detta riskerar emellertid att begränsas. Uppdraget begränsas lätt till att handla enbart om att träna en kyrklig observans för att passa in. Det handlar inte heller primärt om att informera om teologihistoria och hålla allmänbildningen vid liv. Inte heller handlar det om att begränsa kyrkans undervisning till ett utrymme för religiositeten för det mänskliga livets ofrånkomliga psykiska behov. Kyrkans undervisning handlar om att närvarandegöra **evangelium som livsmodets och livsförståelsens förutsättning**. Häri ligger anledningen till att hermeneutisk kompetens tränas i utbildningen av lärare och präster. Innebörden av hermeneutik som en kompetens har emellertid skiftat, beroende på vad man sett som det viktigaste eller som den svåraste delen i det komplexa fenomen som tolkning och applikation i en ny situation och en ny tid innebär.

Från renässansen och framåt uppfattades den språkliga översättningen som den centrala uppgiften i den hermeneutiska processen. I synnerhet fokuserades uppgiften att göra de bibliska texterna tillgängliga på modersmålet. Med 1900-talets hermeneutik uppmärksammades på nytt det fruktbara i att hålla isär två uppgifter. Hermeneutik är både å ena sidan att genom översättning förklara innehållet i traditionen och de bibliska texterna och å andra sidan att ge en förståelse av vad den kristna tron kan betyda i en ny aktuell, kulturell och social kontext. Hermeneutik kom på så sätt att vara både en beteckning på en **metod** för själva översättningstekniken och en beteckning på en **teori** för att beskriva vad det är som händer när man förstår.

Den hermeneutiska kompetens som är nödvändig för kyrkans *didaskalia*, innebär därför en förmåga att tolka både traditionen och den aktuella situationen på ett sådant sätt att de kan ha något att säga varandra. Det som tradition och den aktuella situationen har att säga varandra ska stärka en kristen livsförståelse och därmed låta det bli sagt, som annars skulle gömmas eller glömmas. Det kan handla både om risken att gömma undan nästans nödrop och om att glömma Guds omotiverade kärlek till oss i vår egen nöd.

Tolka tradition

Det kan ligga en frestelse i att låta kyrkans undervisning begränsas till att skapa kännedom om kyrkans historia. Kunskapen om hur kyrkans rituella traditioner har vuxit fram, hur bekännelsebildningen motiverats och hur dogmats formuleringar uppfattats är viktig. I undervisningen ingår folkbildning, och i undervisningen finns ett krav på att underlätta kristen alfabetisering.

Kyrkans förhållande till sin tradition, det som överlämnats mellan generationer, är en tolkande relation. Traditionen ska tolkas. Ingen tradition är bara det som den en gång var. Ingen tradition är heller tillkommen för att bli föremål för teologisk bearbetning, historisk arkivering eller katalogisering. Traditionen är de överlämnade resterna av den plats där människor känt igen sitt livs förutsättning. Häri ligger den hermeneutiska utmaningen. Traditionen måste göras närvarande, som redskap för ett nu levande livsmod och livsavgörande vägval. Innebörden i att tolka tradition är att presentera, bokstavligt göra närvarande.

Denna tolkningsprocess är bara möjlig om vi håller fast övertygelsen att den teologiska traditionen och kyrkans historia är uttryck för livsmening relaterad till Kristus. Den tolkande grundhållningen innebär att både lärprocessen och läraren måste hålla fast, inte bara och inte primärt frågan efter vad som sagts i traditionen, utan istället frågan efter vad som ville komma till tals. Först då kan en hermeneutisk bearbetning av traditionen bli något annat än kunskap om det passerade. Först då kan traditionskritiken bli något annat än ett avfärdande av det gamla. En hermeneutisk tolkning av tradition innebär att fråga efter meningen i traditionen. I domarreglerna formulerar **Olaus Petri** (1493–1552) denna tolkningsprincip i relation till lagtexten: "Den gör mot lagen, som … icke aktade hans mening som lagen gjorde". Han formulerar sig därmed på ett sätt som stämmer väl överens med tolkning av tradition: Den gör mot traditionen som icke aktar dens mening, som traditionen formade. Här formuleras det som i evangelisk-luthersk teologi också sägs om skrifttolkning, det handlar om att göra tydligt det som "driver Kristus".

Varken bibeltexten eller kyrkans tradition är något i sig själva. De är det som de är, i kraft av att de förmår vara delar i den lärprocess som gör livsmodets förutsättning närvarande. Översättning av text och tolkning av traditionen innebär att låta den Kristus komma till tals som kyrkans *didaskalia* och den enskildes livsmod motiveras av.

Tolka aktuell situation

Evangelium är evangelium endast i den historiska situationen. Det finns ingen befrielse frikopplad från betryck. Inget dagligt bröd frikopplat från denna dag som är just nu. Det finns ingen kyrklig undervisning frikopplad från de människor vi har omkring oss och den sociala och kulturella verklighet vi lever i. För Martin Luther blev hans tids allvarliga hot mot människans frihet och hennes sakliga omsorg om nästan identifierat. Tolkningen av situationen var för Luther inte enbart en beskrivning av hans samhälleliga och kyrkliga verklighet. **Först i ljuset av hans förmåga att se alternativen formades en tolkning av situationen.** Att tolka den aktuella situationen innebär att beskriva. Det måste handla om den faktiska situationen. Men tolkningen av situationen innebär också att se vad den inte är: vad saknas, vad är just nu hoppet och längtan? Det Luther som teolog upptäckte var att den frihet, det livsmod och den sakliga omsorg som Evangeliet vittnar om blev glömt och gömt genom den härskande kyrkliga diskursiva praktiken.

Kyrkans undervisning måste formas av en hermeneutisk medvetenhet, som förmår beskriva verkligheten ur de perspektiv och med de aspekter som gör det möjligt att relatera insikten till det som utgör centrum i kyrkans *didaskalia*. Den aktuella situationen är relevant, men inte i största allmänhet. Den är relevant därför att det är den konkreta verklighet i vilken livsmodet ska få syn på sin förutsättning och sitt hopp. I den konkreta verkligheten ska kyrkans *didaskalia* ge stöd åt tillit och hopp. Därför är en teologisk hermeneutisk tolkning av den aktuella situationen en beskrivning av sammanhang, mönster och konsekvenser. En tolkning i ljuset av Evangeliet betyder att göra synligt det som riskerar att gömmas eller glömmas. Teologisk tolkning av den aktuella situationen förutsätter på så sätt en förmåga, vuxen ur det som kan kallas kritisk teori, förmågan att se alternativ.

Den aktuella situationen är, utan att vi behöver bestämma oss för det, faktiskt den enda situation i vilken vi lever. Människans liv är alltid relaterat till det som den kristna tron uppfattar som livets förutsättning. Kyrkligt liv däremot har i alla tider riskerat att bli isolerat till sin egen inbördes varma gemenskap. Den kristna förkunnelsens problem har ibland begränsats till den egna införståddhetens accepterade problem. Uppdraget och kompetensen att tolka situationen är därför inte detsamma som att opportunt återge de bilder som alla redan är bekanta med. Nyckelordet för hermeneutisk kompetens, i kyrkans undervisning och i relation till den aktuella situationen, är varken det aktuella eller situationens ofrånkomlighet. Det handlar i första hand om en tolkning av den aktuella situationen, som gör det möjligt att relatera den till tolkningen av traditionen, på ett sådant sätt att livsmodet kommer till tals.

Analog fantasi

Den amerikanske teologen **David Tracy** (f. 1939) har formulerat uttrycket *the analogical imagination*, analog fantasi. Det beskriver den teologiskt relevanta hermeneutiska processen. Den kristna tron lever inte av kristendomen, men den lever i den. Varken kristendomen eller kyrkan är en – som det brukar heta – ideologisk förening, som bärs av engagemanget hos dem som finner det hela intressant. Utgångspunkten är istället en grundläggande tillit till att livets mening kommit till tals som en händelse med Jesus från Nasaret, som Guds enda och avgörande uppenbarelse. Detta kommer till uttryck i den kristna bekännelsen till att det är Guds människoblivande som gör det mänskliga livet meningsfullt.

Frestelsen kan vara att förflytta den kristna trons centrum från inkarnationen till tron på inkarnationen, från Kristus till den kyrkliga undervisningen, från livsmodet till kyrkoinstitutionen. Men det handlar om det märkliga men mänskligt grundläggande fenomenet att i det liv som vi var och en lever kan ana att vi alla lever på samma betingelser. Det som den kristna tron lever av är att mitt ofrånkomliga mänskliga liv inte bara är likt andra människors, det är likt det liv Gud själv valde att leva. Livets mening möter oss som "människa bland människor". Guds Ord, livets hela Mening, blev för vår skull människa. Det är denna analogi som gör det möjligt att i kyrkans *didaskalia*, i förkunnelsen och sakramentsutdelandet, se livets betingelser och närvaron av livets mening, närvaron av Gud själv. Kristen tro ser Kristi närvaro i tradition, förkunnelse och sakrament som en levande ömsesidighet i tilltalet, i givet liv och måltid. Att vara kristen är helt enkelt att vara människa, på det mänskliga livets betingelser.

Kyrkans undervisning håller liv i förmågan att se denna analogi, denna likhet mellan människor mitt i våra olikheter. Det handlar om att se likheten mellan människor och Gud. Det handlar om att se Guds liv i ett liv fött av Maria och korsfäst under Pontius Pilatus. Att låta fantasin se den analogin gör att den analoga fantasin också ser Gud i Kristus som verksam nu i vårt mänskliga liv. Denna Kristi närvaro bekänner kyrkan i påståendet att Kristus är uppstånden.

Förståelseteori – från Dilthey till Vattimo

Människan tycks ha två olika former av kunskap. Vi kan ha en förklarande kunskap, kunskap om hur orsak och verkan formar en kedja av händelser och effekter. Denna kunskap är förutsättning för fruktbar naturvetenskap, teknik och medicin. Men människan har också haft behov av att formulera sin kunskap om det sammanhang hon står i just nu. Det liv vars innebörd inte är beroende av var det kommer ifrån eller vart det är på väg. Hermeneutik och existensfilosofi har uppmärksammat att livet har sitt grundläggande värde, omotiverat och omedelbart givet just nu. Det handlar om den kunskap som formar teologi, litteratur, konst, juridik och humaniora. Den **förståelsens kunskap** skiljer sig från **förklaringens kunskap**.

Denna för hermeneutik och teologi fruktbara distinktionen mellan att förklara och att förstå har betydelse i reflektionen kring kyrkans undervisning. Det är två olika uppgifter, inte varandra uteslutande men helt olika: uppgiften att förklara kristendomen och att skapa livsförståelse. Det är skillnad mellan att beskriva den kristna trons tradition och att göra den kristna trons tradition till ett levande språk, en levande "diskursiv praktik" för livsförståelsen. Kyrkans *didaskalia* ska ge en orienteringen om, inte vad det skall bli av mig, men orientering om tilliten till att vad det än blir av mitt liv så är jag i Guds barmhärtighets hand närhelst mitt livs "just nu" är.

Reflektionen kring det som utgör hermeneutik och förståelse formas under 1900-talet filosofiskt från **Wilhelm Dilthey** (1833–1911) via **Martin Heidegger** (1889–1976), **Hans Georg Gadamer** (1900–2002) och **Paul Ricoeur** (1913–2005) till **Gianni Vattimo** (f. 1936). Den hermeneutiska förståelsen handlar inte enbart om hur man metodiskt ska gå till väga för att tolka skrift och traditionens dogmer. Det handlar om att *vi människor möter verkligheten bara såsom vi förstår den, såsom vi står i den.*

Kyrkans *didaskalia* innebär i ljuset av detta att ge en sådan verklighetsförankrad tillgång till livets förutsättningar och livets yttersta värdegrund att ingen enda människa förlorar sitt livsmod, sin frimodighet och tillit.

Kyrkans *didaskalia* som en diskursiv praktik i vilken livets fundament kommer till tals är därför aldrig enbart en rogivande oas isolerad från en ondsint och okunnig omvärld. Istället handlar det om att någonstans finns den gemenskap, som tar på allvar att det alltid finns en frånvarande person vars röst riskerar att inte komma till tals och som vi riskerar att inte ens ana att den borde finnas. I en judisk tradition finns seden att vid festen ha en tom stol. Den markerar Messias plats som en förändringens, utmaningens och den tystade röstens plats. Det är denna frånvarons påminnelse om att livet inte bara har sin bestämning av dem som råkat bli inbjudna. Livet har sin bestämning av den Gud som ytterst låter oss se verkligheten som en öppen plats, ständigt i ett "ännu inte" och samtidigt ytterst bestämd av ett "redan nu". Vårt liv är bestämt av ett värde och en mening som redan nu, mitt i vår verklighet, är närvarande helt och fullt, lika påtagligt som tilltalets ord och en delad måltid, närvarande i kyrkans förkunnelse och sakramentsutdelandet, alltså i kyrkans *didaskalia.*

Didaktik

Didaktisk kompetens kan uppfattas som undervisningsförmåga. Men det handlar också om att ha förtrogenhet med och orientering om vad det är som sker i kyrkans *didaskalia,* kyrkans undervisning och lärprocess. I det som jag hittills berört har jag flera gånger påpekat att undervisning varken är ett extra uppdrag i kyrkan eller ett till någon enskild person anförtrott uppdrag i kyrkan. Kyrkans *didaskalia* är hela den kyrkans gemenskap i vilken traditionen överlämnas och det kan komma till tals som ger oss frimodighet och livsmod. Om den gemenskapen, den "lärprocessen", kan vi precis som om Gudsriket säga att "det kommer vår bön förutan, men i bönen ber vi att det skall komma också till oss". Didaktik är den medvetna teologiska reflektionen över det som sker i den didaktiska processen. Jag skall antyda några aspekter i detta som församlingen och i synnerhet de som har kyrkans formella uppdrag att bedriva undervisning bör reflektera kring.

Didaktikens frågor

Den didaktiska reflektionen beskrivs ibland som en reflektion kring de så kallade didaktiska grundfrågorna. I huvudsak kan man koncentrera dem till frågorna om "vad, för vem, hur" och särskilt frågan "varför". Detta visar att didaktiken inte kan begränsas till endera av de många aspekter och aktiviteter som kan göras tydliga och medvetna i själva lärprocessen. Ingen av didaktikens grundfrågor kan enkelt och med några korta sentenser, enkla handgrepp eller ens goda undervisningsmetoder få sitt svar. Men de kan alla utgöra belysande ingångar för att tydliggöra den komplexa process som vi kallar kyrkans undervisning.

Ingen aktivitet som syftar till att närvarandegöra eller synliggöra kan undvika frågan om urval bland allt det som finns. I kyrkans tradition och gemenskap finns, både i historia och i den aktuella situationen, en rad viktiga och berikande fenomen. Det hermeneutiska uppdraget att relatera tolkning av traditionen till tolkning av den aktuella situationen förutsätter urval och avgränsningar. **Vad** som väljs bestäms i relation till svaret på frågan om **för vem** som det valda skall vara relevant. Även om kyrkans samlade undervisning vill vara till för hela församlingen, hela människan och i vissa sammanhang också "hela världen", så kräver den didaktiska reflektionen en medvetenhet om för vem. Den frågan måste få sitt svar alldeles oavsett om lärprocessen är möjlig att styra eller om den formar livsförståelsen på ett komplext och självgenererande sätt.

Den tredje frågan om undervisningens **hur**, den kan, därför att svaret blir så påtagligt i undervisningen, riskera att bli begränsad till lektionsplanering och undervisningsteknik. Men hur frågan skapar nyfikenhet på hur lärandet går till. Hur frågans svar är beroende av vad det är i lärprocessen som formar förändringen i min tolkning av verkligheten. Ska lärprocessen i kyrkan leda till livsmod och frimodighet, ska gemenskapen hantera omsorg och kamp, då blir också kunskap om **hur** detta går till avgörande när församling och "lärare" skall ta det ansvar som förväntas.

Den fjärde didaktiska grundfrågans **varför** måste besvaras trots alla de till synes självklara svaren. Svaret på den frågan visar att alla de didaktiska grundfrågorna betingar varandra. Ingen kan besvaras utan sin relation till de övriga tre. Inte någon av de tre didaktiska grundfrågorna kan besvaras utan ett svar på frågan: varför ska kyrkan bedriva undervisning? Den didaktiska kompetensen och ansvarstagandet i kyrkans undervisning förutsätter därför förmågan att medvetet och professionellt kunna handskas med de didaktiska grundfrågorna.

Statsteoriernas religionsundervisning

Undervisning i religion hör till det civiliserade samhället. Så länge religion utgör det som människan använder för att hantera livets mening och tillvarons yttersta angelägenheter, så länge kommer religions-undervisning att höra till den grundläggande rättighet som skolplikten ska garantera varje människa.

Utformningen och organiserandet av undervisning i religion skiftar från samhälle till samhälle. Man kan i huvudsak skönja tre olika modeller för statens organiserande av religionsundervisningen. Modellerna är formade av det som kan karakteriseras som endera den liberala, mångkulturalitetens eller hybriditetens förutsättning.

Den liberala modellen utgår från **liberalismens** föreställning att frågan om religionstillhörighet och religiositet, tro och livsförståelse, i grunden är den enskilda individens ensak. För barnens del är det barnets eller vårdnadshavarnas ansvar att forma svaret på de didaktiska huvudfrågorna i barnets religionsundervisning. Staten och samhällets uppgift är att säkerställa resurser och utrymme för den undervisningen. Det ska göras genom att organisera skolan så, att man håller isär den allmänna skolans undervisning från samfundens undervisning. Denna modell tilllämpas i sina huvuddrag till exempel i Frankrike och i USA.

Den andra modellen kan kallas **mångkulturalitetens**. Grundtanken är, att eftersom samhället rymmer en rad olika kulturer, religioner och livsåskådningar ska varje elev ges orientering om denna mångfald. Religionsundervisningens syfte är att ge barnet en orientering om religionernas värld. Skolan ska acceptera mångfald och befrämja en förståelse också för de traditioner, riter och religiösa gemenskaper som den enskilde inte själv hör hemma i men som samhällsansvaret kräver att man respekterar. Den svenska skolans religionsundervisning har formats av denna ambition. Däri ligger även orsaken till att man inte, med hänvisning till sin egen religiösa särart, kan få befrielse från religionsundervisning i skolan.

En tredje modell kan kallas **hybridiseringens** modell. Det är en motivering till religionsundervisning i den allmänna skolan som utgår ifrån att religioner utgör delar i det allmänna kulturarv som barnet ska ges tillfälle att **lära av**, i sitt utformande av en egen livshållning. På likartat sätt som litteratur- och historieundervisning ska ge tillgång till kulturarvet, som är allas och ingens, så ska religionsundervisningen ge barnet en rikedom, som är allas och ingens.

Utgångspunkten för både liberalismens och mångkulturalitetens skolmodell är samhällets syn på religion och barnets fri- och rättigheter. Hybriditetens skolmodell tar sin utgångspunkt i en förståelse av religioner, som föränderliga kulturella fenomen och att de som sådana utgör del i allas kulturarv. Religionspedagogiken måste därvid arbeta utifrån lärostoffets möjlighet att bli redskap och material för bearbetning av det som ibland kallas existentiella, ofrånkomliga och grundläggande livsfrågor.

De tre modellerna kan knappast fungera renodlade. Den konkreta undervisningssituationen tycks ha format några undervisningsformer som används oberoende av hur de politiskt motiverade skolorganisationerna ser ut. Religionsundervisningens uppgift tycks bli formad på ett likartat sätt, alldeles oavsett om undervisningen ska syfta till att barnet ska lära *om*, *av* eller *i* religioner. Religionsundervisningen tycks i alla de tre olika politiska modellerna utformas på ett metodiskt likartat sätt, som en kombination av ambitionen att barnet ska lära sig både om, av och i religiösa traditioner.

Kyrkans undervisning i en diskursiv praktik

Föreställningen om lärprocessen som en diskursiv praktik gör det tydligt att en myckenhet av det som eleven lär i skolan varken styrs av läroplan, kursplan eller lärarens ambitioner. Skolan är inte bara klassrummet. Skolan är en egen diskursiv praktik, i vilken livsförståelsen formas av alla och ingen. Christina Osbeck visar i sin avhandling *Kränkningens livsförståelse* hur skolan just som en diskursiv praktik formar en livsförståelse hos barnet. Den livsförståelsen utgör väsentligen en spegelbild av det samhälle skolan nu lever i. Barnets livsförståelse formas av de socialisationsformer som också formar vuxenvärlden. Inte genom att vi bestämt oss för att det ska vara så, utan därför att vi har accepterat att det blivit så. Livsförståelsen är en levd förståelse av hur livet fungerar, av vad det är som ger livet värde och mening. Christina Osbeck visar att skolans diskursiva praktik, liksom samhällets, tycks domineras av en speciell livsförståelse. Det handlar om att anpassa sig för att bli konkurrenskraftig. Konkurrensen gäller både studieprestationer och den sociala positionen. Mot dem som inte är anpassade till det gällande används kränkning som ett inlärningsverktyg för att få dem att passa in.

Förhåller det sig på detta sätt så betyder det att den diskursiva praktiken rimligen riskerar att fungera på samma sätt i både skolan och kyrkan. Vi vet alla att både skola och kyrka har en kränkningshistoria som drabbat många med kraft. Kyrkotukt har lätt förvandlats till ett redskap för att med kränkning och uteslutning hålla den missanpassade utanför och tvinga dem som är innanför till uniformitet.

Men kyrkotukt borde handla om att med kraft vidga rummet så att också syndaren får plats. Den samhälleliga effektiva diskursiva praktikens brutalisering och effektiviserade utslagning, där de enda alternativen tycks vara underkastelse eller passivitet, skulle kunna motsägas. Kyrkans messianska grund för livsmod skulle kunna bryta igenom. Det finns en tradition att med riten göra närvarande det som annars inte skulle finnas: förlåtelse, brutet bröd och frimodig gemenskap. Kyrkans *didaskalia* ska medvetet skydda och låta detta komma till tals. Det finns i kyrkans diskursiva tradition en tillit till att det är möjligt att låta det hopp komma till tals "om vilket mänskligheten bara behöver bli medveten, för att tillfullo besitta".

Didaktisk hermeneutisk kompetens, "dubbla ansvarslinjen"

När man talar om det ansvar församlingen har så använder man ibland uttrycket "kyrkans dubbla ansvarslinje". Detta resonemang har också tillämpning på uppdraget att bedriva undervisning. Bakgrunden till uttrycket är den svenska statsförvaltningen såsom den utformades av **Axel Oxenstierna** (1583–1654). Genom hans geniala uppfinning kan statsapparaten balansera den politiska kungamakten och självständiga myndigheter. Avsikten var att den enskilde medborgaren inte skulle bli utsatt för maktens godtycke. Därför fanns myndigheter med, som det var tänkt, sina professionellt utbildade och oavsättliga tjänstemän. Också kyrkan utformades på detta sätt. Kyrkan utgjorde både en myndighet styrd under lagarna med professionella utbildade präster och samtidigt med den folkliga politiska makten, utövad i valda styrorgan, riksdag, kyrkoråd och kyrkostämma.

Den avgörande poängen med denna dubbla ansvarslinje var och är att den politiska makten och den professionella kompetensen ska samverka till medborgarnas bästa. Detta betyder i den nuvarande ordningen att kyrkorådet i församlingen måste säkerställa att de som får uppdraget att leda kyrkans undervisning har en kvalificerad utbildning och integritet för detta uppdrag. Det är denna utbildning och professionella kompetens som är garanten för att uppdraget att bedriva undervisning inte underordnas den politiska makten i kyrkorådet, inte heller underordnas den oftast omedvetna diskursiva praktik som formar lärprocessen i samhället antingen vi beslutat så eller inte.

Den professionella kompetens som utbildning av lärare i kyrkans undervisning, i barn- och ungdomsarbete, diakoner, församlingspedagoger, fritidsledare, musiker, präster och andra ska ge måste vara sådan att kyrkans *didaskalia* utformas så att kyrkans hermeneutiskdidaktiska uppdrag skyddas.

Allmänna prästämbetet och det särskilda uppdraget

Martin Luther har ett teologiskt resonemang om det "allmänna prästadömet". Det har ibland använts som uttryck för demokratisering av ansvaret för kyrkan. Så kan det användas, men den avgörande innebörden hos Luther är att varje enskild människa på sin dödsbädd inte behöver någon förmedlande präst i mötet med sin Gud. Alla har detta ämbete som ger rätt och frimodighet i mötet med Gud. Det "särskilda ämbetet" handlar istället därför om församlingens behov av utbildade och kompetenta anställda för de uppdrag som finns i en församling.

En professionell kompetens kan förväntas av alla dem som är anställda i församlingen, för att skydda gudstjänst, undervisning, diakoni och mission. Detta "särskilda ämbete", för dessa uppgifter, har två viktiga fästen, såsom Svenska kyrkan idag har ordnat sin verksamhet.

Det **ena fästet är utbildning**. En sådan utbildning förutsätter förtrogenhet med traditionen och tolkningen av den. Utbildningen ska möjliggöra en tolkning av kyrkans tradition och av den aktuella situationen. Dessa två ofrånkomliga tolkningar och materialgrupper formar tillsammans den kristna trons materiella förutsättning. Kristendomen formas i mötet mellan tradition och den aktuella erfarenheten. Kristendom har därför alltid, som jag försökt beskriva det här, präglats av en ofrånkomlig plasticitet, hybriditet och diskursivitet. I mötet mellan tradition och aktualitet kommer kyrkans *didaskalia* till tals. Denna undervisning måste kunna bearbetas, prövas och utvecklas genom en medvetenhet om lärprocessen som en diskursiv praktik och undervisningens utmaning som en kritisk teori. Utbildningen av de anställda måste därför ha utrustat dem och gjort dem kvalificerade för det hermeneutisk-didaktiska uppdrag som anförtros dem som har ansvar för undervisningen i församlingarna.

Det **andra fästet** för det särskilda ämbetet är därmed det tydliggjorda **uppdraget**. Poängen är att församlingen och den som ges särskilda uppgifter i undervisningen ömsesidigt erkänner varandras förpliktelse för evangelium och *didaskalia*. Församlingen och den som fått undervisningsuppdraget har sin uppgift bestämd av att ingå i det som kyrkan övertagit och ska ge vidare. Det som den kristna traditionen kallar *didaskalia* och som kyrkoordningen kallar "bedriva undervisning".

Litteratur

Adorno Th. W. och Horkheimer Max, *Upplysningens dialektik*. Göteborg: Daidalos, 1997 (1947)

Assmann Aleida, *Tid och tradition*. Nora: Nya Doxa, 2004

Bauman Zygmunt, *Flytande rädsla*. Göteborg: Daidalos, 2007

Berger Peter L., *The Heretical Imperative*. New York: Anchor Books, 1980

Callewaert Staf, *Pierre Bourdieu*. Lund: Studentlitteratur, 1999

Cöster Henry, Friheten i tvångets katekes, i *Luther som utmaning*, Elisabeth Gerle red. Stockholm: Verbum, 2008

Cöster Henry, *Livsmodets språk*. Lund: Arcus, 2009

Eineborg Falk Else-Maj, Hermeneutik och didaktik, i *Text och existens. Hermeneutik möter samhällsvetenskap*, red. Staffan Selander & Per-Johan Ödman. Göteborg: Daidalos, 2005

Falk Bent, *Att vara där du är: samtal med människor i kris*. Stockholm: Verbum, 2005

Foucault Michel. *Diskursens ordning*. Stockholm: B. Östlings bokförl. Symposion, 1993 (1970)

Gadamer Hans-Georg, Sanning och metod: i urval. Göteborg: Daidalos, 1997 (1960)

Joas Hans, *Do we need religion? on the experience of self-transcendence*. Transl fr German by Alex Skinner. Boulder, Colo: Paradigm Publishers, 2008

Kristensson Uggla Bengt, *Kommunikation på bristningsgränsen, en studie i Paul Ricœurs projekt*. Stockholm: B. Östlings bokförl. Symposion, 1994

Larsson Rune, *Livets berättelser. Introduktion till Thomas H Groomes religionspedagogik*. Stockholm: Verbum, 2005

Larsson Rune, *Samtal vid brunnar, introduktion till religionspedagogikens teori och didaktik*. Lund: Arcus, 2009

Osbeck Christina, *Kränkningens livsförståelse. En religionsdidaktisk studie av livsförståelselärande i skolan*. Karlstad: Karlstad University Studies, 2006

Osbeck Christina, *Att förstå livet. Religionsdidaktik och lärande i diskursiva praktiker*. Uppsala: Svenska kyrkan, 2009

Persson Per Erik, *Gemenskap, att vara kyrka i Svenska kyrkan*. Stockholm: Verbum, 2004

Prothero Stephen, *Religious literacy: what every American needs to know – and doesn't*. New York: Harper Collins, 2007

Ronnås John, *Tonåringen och livsfrågorna*. Stockholm: SÖ-förl., 1969

Ström Ingmar, *Kom och se*. Stockholm: Diakonistyrelsens bokförl., 1966

Säljö Roger, *Lärande i praktiken: ett sociokulturellt perspektiv* Stockholm: Norstedts akademiska förlag, 2005

Tracy David, *The Analogical Imagination*. London: SCM, 1981

Thunberg, Lars och Persson, Per Erik, *Evangelium och kyrka, Kring samtalen mellan lutheraner och romerska katoliker,* Stockholm: Almqvist & Wiksell, 1974

Vattimo Gianni, *Utöver tolkningen*. Hermeneutikens betydelse. Göteborg: Daidalos 1996 (1994)

Vygotsky Lev S., *Tänkande och språk*. Göteborg: Daidalos, 2001 (1934)